KB169668

■

옛날 영화 이 좋은 걸 이제 알았다니

■

■

옛날 영화 이 좋은 걸 이제 알았다니

■

듀나 지음

CONTENTS

"물 떠난 물고기라뇨?"

"왜 있잖아요. 촌동네 경찰이 뉴욕에 와서

맹활약한다는 이야기 말이에요."

나는 "그건 돈 시겔의 〈쿠건의 협박〉이잖아요."라고 말했다.

그들은 "아니요, 〈베벌리 힐스 캅〉이라니까."라고 말했다.

_데이비드 톰슨, 이안 크리스티,

『비열한 거리-마틴 스콜세지: 영화로서의 삶Scorsese on Scorsese』,

임재철, 한나래, 1994

마샬 닐런 감독의 1919년 감독작 〈키다리 아저씨〉의 한 장면입니다. 메리 픽포드가 연기한 주인공 주디가 재채기를 하자 마스크를 쓰고 있는 주변 사람들이 질겁하며 흩어지는 게 보이시나요? 〈키다리 아저씨〉는 스페인 독감으로 수많은 사람들이 죽어나가던 당시 미국의 분위기를 보여 주는 드문 극영화입니다.

〈키다리 아저씨〉(1919)

• 옛날 영화의 역사

'옛날 영화'란 무엇일까요? 제가 어렸을 때 이 질문에 대한 답은 아주 단순했습니다. 텔레비전에서 더빙판으로 틀어 주는 건 옛날 영화, 극장에서 틀어 주는 건 요새 영화였어요. 이 경계선이 아주 뚜렷하지는 않았습니다. 가끔 재개봉되는 고전들이 있었고, 전 〈벤 허〉, 〈사운드 오브 뮤직〉, 〈바람과 함께 사라지다〉와 같은 영화들을 극장에서 처음 보았으니까요. 하지만 그래도 옛날 영화와 요새 영화는 구분이 가능했고, 전 그걸 당연하다고 여겼습니다.

지금 보면 그게 그렇게 당연한 일인가 싶습니다. 제가 1980년대에 텔레비전으로 본 〈스팅〉, 〈내일을 향해 쏴라〉 같은 영화들은 1970년대 영화였습니다. 기껏해야 10여 년 전 영화였던 거죠. 제가 이 책을 쓰기 시작한 2020년 9월 기준으로 〈소셜 네트워크〉나 〈킹스 스피치〉 같은 영화를 방영하는 것과 크게 다르지 않았습니다. 오히려 더 최근 영화였지요. 제가 아주 옛날 영화라고 생각했던 〈오명〉이나 〈스펠바운드〉 같은 영화들은? 요즘 기준으로 보면 〈이티〉나 〈레이더스〉를 틀어 주는 것과 비슷했겠군요. 당시 텔레비전에서 방영했던 영화들은 대부분 그 사이에 있었습니다. 제2차 세계 대전 이전 영화들은 그렇게 많이 틀어 주지 않았어요. 컬러 텔레비전 시대가 된 뒤로는 더욱 그랬고. 하여간 당시에 제가 '옛날 영화'라고 생각했던 건 그렇게까지 옛날 영화가 아니었고, '요새 영화'라고 생각했던 영화들은 그동안 은근슬쩍 옛날 영화가 되었습니다. 당연한 일 아니냐고요? 그렇기도 하고 아니기도 합니다.

그러는 동안 재미있는 일이 일어났습니다. 영화의 역사가 엄청나게 길어진 것이죠. 그냥 길어진 게 아니라 엄청나게 길어졌습니다. 에디슨이 키네토스코프를 발명한 게 1889년, 뤼미에르 형제가 〈열차의 도착〉을 찍은 게 1895년. 1980년에 영화의 나이는 기껏해야 90살 정도에 불과했습니다. 지금은 130살 전후지요. 1980년에 40년의 시간은 영화사의 절반에 가까웠습니다. 어떤 사람들에겐 그들이 아는 영화 역사의 전체에 해당되었고요. 그런데 그만큼의 역사가 또 추가된 것입니다. '옛날 영화'에 대한 제 감각이 달라진 건 당연한 일이었습니다. 그동안 기준이 되었던 자가 은근슬쩍 늘어났어요.

그 짧은 기간 동안 영화의 역사가 그렇게 늘어났다는 건 영화가 어이가 없을 정도로 수명이 짧은 예술이라는 뜻이기도 합니다. 여전히 영화의 나이는 인간의 수명보다 그렇게 길지 않습니다. 영화가 발명된 뒤로 해왕성은 태양을 채 한 바퀴도 돌지 않았습니다. 이건 별로 길다고 할 수 없는 인류의 역사를 기준으로 놓는다고 해도 그냥 찰나입니다.

"우리가 왜 옛날 영화를 보아야 하는가?"라는 질문에 대한 답은 많습니다. 그중 가장 먼저 떠오르는 답은 이것입니다.

우리가 고전이라고 부르는 작품들은 잊히기엔 지나치게 어렵습니다.

• 모든 영화는 옛날 영화다

　우리가 옛날 영화를 보아야 할 다른 이유는 선택의 여지가 없기 때문입니다. 모든 영화는 옛날 영화예요.

　말장난 같지만, 아닙니다. 이건 영화라는 매체의 가장 기본적인 특성과 관련되어 있습니다. 영화는 한때 현재였던 과거의 조각들을 얼려 자르고 붙여 만들어집니다. 우리는 영화를 통해 과거를 봅니다. 그리고 그 과거는 계속해서 더 오래된 과거가 되어 갑니다. 같은 배우가 정확히 같은 연기를 한다고 해도 영화와 연극은 다릅니다. 심지어 그 영화가 그 연극 공연을 녹화한 것이라고 해도 마찬가지지요.

　경계선의 흐릿함이 없는 건 아닙니다. 예를 들어 텔레비전 생방송이라는 것이 있지요. 1950년대 텔레비전 드라마 대부분은 생방송이었습니다. 연극과 유사하지만 조금은 다른 현장의 생생함이 있었지요. 하지만 녹화된 (당시엔 비디오테이프가 없어 키네스코프kinescope라는 원시적인 기술을 사용해야 했습니다. 브라운관 앞에 영화 카메라를 단 기계였어요) 당시의 드라마는 우리에게 과거를 담은 영화입니다. 다를 게 없지요.

　연극을 포함한 무대 공연은 찰나의 예술입니다. 모든 공연마다 다르고 매 공연마다 조금씩 다른 의미를 가집니다. 같은 연출자가 같은 희곡으로 무대에 올려도 첫 공연과 30년 뒤의 공연은 다를 수밖에 없습니다. 하지만 영화는 오로지 하나의 특별한 과거를 보존해 보여 줍니다. 그리고 그 보존성은 과거로 갈수록 의미가 더 커지지요.

로케이션을 훌륭하게 활용한 영화에서 이 특성은 두드러집니다. 이만희의 〈귀로〉와 〈휴일〉에 나오는 1960년대 말 서울의 묘사는 지금 영화에서는 절대로 볼 수 없는 것입니다. 아무리 정교하게 재현해도 다른 건 다른 거니까요. 실제로 존재했던 과거의 조각들이 필름 위 이미지로 남아 여러분 눈앞에서 재현되고 있는 것입니다. 이건 우리가 할 수 있는 것 중 가장 시간 여행에 가까운 체험입니다.

정교한 과거의 재현으로 관객들을 경탄하게 하는 영화들이 있습니다. 최근엔 〈삼진그룹 영어토익반〉이 그런 작품이었지요. 하지만 이 영화가 보여 주는 1990년대와 〈그대 안의 블루〉와 같은 진짜 90년대 영화가 보여 주는 과거는 여전히 다릅니다. 〈삼진그룹 영어토익반〉이 보여 주는 과거는 21세기의 해석이 들어간 과거의 재현입니다. 세트만 그런 게 아니라 캐릭터도 그렇습니다. 〈삼진그룹 영어토익반〉을 만든 사람들은 영화가 그리는 사건 직후 외환 위기가 닥칠 거라는 걸 알고 있었어요. 하지만 〈그대 안의 블루〉를 만든 사람들은 몰랐지요. 이두 차이는 엄청나고, 우리는 그 차이를 보면서 두 작품을 다른 식으로 감상합니다.

옛날 영화들은 과거의 정확한 재현이 아닙니다. 당시 사람들의 선입견이 개입되어 있기도 하고 정치적으로 조작되어 있기도 합니다. 예를 들어 20세기 중후반의 대도시를 배경으로 한 미국 영화들은 당시 도시의 인종 비율을 제대로 반영하지 않습니다.*

하지만 그 자체가 중요한 것이지요. 수많은 영화는 편견의 범죄 증거입니다. 앞으로 여러 번 이야기할 텐데, 실제 세계와 이를 투영한 동시대 영화 사이에는 늘 팽팽한 긴장감이 돕니다. 이를 제대로 읽으려면 여러 시대, 여러 공간의 실제 작품을 직접 보면서 경험을 쌓는 수밖에 없어요. 간접 정보는 별 도움이 안 됩니다. 결국 남의 눈이고 남의 생각이니까요. 오독하고 실수하더라도 일단은 직접 보는 수밖에.

---

* 이건 지금도 마찬가지지요. 로스앤젤레스 인구 절반은 라틴계이고, 10퍼센트는 아시아계, 10퍼센트는 흑인입니다. 로스앤젤레스를 배경으로 한 영화나 드라마에 이게 보이나요?

• 그 옛날의 리스트들

「모션 픽쳐 매거진Motion Picture Magazine」이라는 잡지가 있었습니다. 1911년에 「모션 픽쳐 스토리 매거진Motion Picture Story Magazine」이라는 제목으로 시작했다가 (첫 표지 모델은 토머스 앨버 에디슨이었습니다) 1914년 제목을 「모션 픽쳐 매거진」으로 바꾸었고 1977년까지 나왔습니다. 마지막 표지 모델은 나탈리 우드였지요. 최초의 팬 매거진으로 알려져 있습니다.

1916년 「모션 픽쳐 매거진」은 독자 투표로 '당대를 넘어 장수할 것 같은 작품 리스트deemed fit to live to a green old age'를 뽑았습니다. 그 리스트에 실린 영화들은 다음과 같았어요.

The Christian(1914)	Judith of Bethulia(1914)
Quo Vadis?(1913)	Cabiria(1914)
The Alien(1915)	A Price for Folly(1915)
The Little Minister(1913)	C.O.D.(1915)
The Stoning(1915)	Neptune's Daughter(1914)
The Penitentes(1915)	The Eternal City(1915)
Hearts Adrift(1914)	The Juggernaut(1915)

Love's Sunset(1913)   The Spoilers(1914)

Graustark(1915)   A Fool There Was(1915)

Ghosts(1915)   A Million Bid(1914)

The Birth of a Nation(1915)

The Battle Cry of Peace(1915)

The Island of Regeneration(1915)

The Lily and the Rose(1915)

Tess of the Storm Country(1914)

From the Manger to the Cross(1912)

　제목을 다 번역하려다 귀찮아서 그만두었습니다. 현대 관객들에게 의미 있는 제목은 〈국가의 탄생〉과 〈카브리아〉 정도입니다. 여러분이 무성영화의 역사에 관심이 있다면 몇 편을 더 아실 수도 있겠군요. 하지만 그렇다고 해도 제목과 내용을 간신히 아는 정도겠지요. 이 리스트에 오른 영화 상당수는 필름이 소실되었어요. 누가 알겠습니까. 이 사라진 영화들 중 몇 편은 지금 봐도 정말로 좋은 영화였을 수 있지요.

　다음 언급할 잡지는 「스크린랜드Screenland」입니다. 1920년부터 1971년까지 발행되었는데, 1952년에 「스크린랜드 + TV랜드Screenland plus TV-Land」로 제목이 바뀌었습니다. 하여간 이 잡지는 1923년에 여섯 명의 전문가(그중엔 「스크린랜드」의 발행인인 마이론 조벨과 편집자 프레드릭 제임스 스미스도 포함되어 있었습니다)

가 뽑은 'The Ten best screen dramas'의 리스트를 실었습니다. 그러니까 이들은 인류 역사상 가장 훌륭한 영화를 10편씩 뽑은 것입니다.

그 리스트는 다음과 같아요.

「스크린랜드」 발행인 마이런 조벨의 리스트

The Birth of a Nation(1915)	The Covered Wagon(1923)
Tol'able David(1921)	The Kid(1921)
Dr. Jekyll and Mr. Hyde(1931)	The Miracle Man(1919)
Cabinet of Dr. Caligari(1920)	Foolish Wives(1922)
Robin Hood(1922)	Down to the Sea in Ships(1922)

「라이프」, 「뉴욕 헤럴드」 로버트 E. 셔우드의 리스트

The Birth of a Nation(1915)	The Spoilers(original)(1914)
Intolerance(1916)	The Miracle Man(1919)
The Mask of Zorro(1920)	The Kid(1921)
Cabinet of Dr. Caligari(1920)	Passion(1919)
The Four Horsemen(1921)	Tol'able David(1921)
Nanook of the North(1922)	The Covered Wagon(1923)

「스크린랜드」 편집자 제임스 스미스의 리스트

Cabria(1914)	The Birth of a Nation(1915)

Judith of Bethulia(1914)   Broken Blossoms(1919)

The Kid (1921)   Cabinet of Dr. Caligari(1920)

Tol'able David(1921)   Foolish Wives(1922)

Passion(1919)   The Covered Wagon(1923)

「뉴욕 트리뷴」 헤리엇 언더힐의 리스트

The Girl I Loved(1923)   The Covered Wagon(1923)

The Green Goddess(1923)   Only 38(1923)

Law of the Lawless(1923)   Prisoner of Zelda(1922)

Triffing Women(1922)   Tol'able David(1921)

Where the Pavement Ends(1923)

When Knighthood Was in Flower(1922)

줄리언 존슨의 리스트

Cabria(1914)   Queen Elizabeth(1914)

The Birth of a Nation(1915)   Intolerance(1916)

The Whispering Chorus(1918) Stella Maris(1918)

The Miracle Man(1919)   The Four Horsemen(1921)

Passion(1919)   The Covered Wagon(1923)

「모션 픽처 뉴스」 로런스 리드의 리스트

The Covered Wagon(1923)   The Four Horsemen(1921)

The Birth of a Nation(1915)   The Miracle Man(1919)

Robin Hood(1922)   Broken Blossoms(1919)

Cabinet of Dr. Caligari(1920)   The Kid(1921)

Humoresque(1920)   Hollywood(1923)

가장 먼저 눈에 뜨이는 건 역시 그리피스의 〈국가의 탄생〉
입니다. 유일한 여성인 해리엇 언더힐을 제외한 다섯 명이 이
영화를 뽑았습니다. 전 언더힐이 어떤 사람이었는지 모릅니
다. 하지만 이 용감한 선택은 철저하게 정치적이었을 거라 생
각합니다. 당시 이런 리스트를 만들면서 〈국가의 탄생〉을 빼
는 건 파리 풍경을 그리면서 에펠탑을 빼는 것과 같았을 테니
말이죠.

그다음으로 눈에 띄는 영화는 제임스 크루즈의 〈포장마차
The Covered Wagon〉라는 영화입니다. 여섯 명 모두가 뽑았어요.
하지만 이 책을 읽기 전에 이 영화의 존재를 알았던 독자는 한
줌도 되지 않을 겁니다. 〈포장마차〉는 2019년에 퍼블릭 도메
인이 되었고 인터넷에서 보실 수 있습니다. 저도 궁금해서 봤
는데요. 그렇게까지 재미있지는 않은 무난한 수준의 서부극이
었습니다. 그래도 당시 관객들은 이 스펙터클을 즐겼겠지요.
서부시대에 실제로 쓰였던 포장마차들이 서부 평야를 가로지
르고, 선주민과 백인 개척민의 전투도 나오고, 나름 박진감 넘
치는 들소 사냥 장면도 나와요. (옛날 영화이기 때문에 실제로 들소

들이 죽습니다) 이 영화가 뽑힌 건 아무래도 최신 히트작이었기 때문인 것 같습니다. 대히트를 하고 아카데미를 휩쓴 뒤 순식간에 무관심 속으로 사라지는 영화들이 있는데, 그들 중 하나가 아니었을까요. 당시엔 아카데미상이 없었지만.

나머지 영화들은 어떨까요? 은근히 알찬 리스트입니다. 〈키드〉, 〈지킬 박사와 하이드〉, 〈흩어진 꽃잎〉, 〈인톨러런스〉, 〈칼리가리 박사의 밀실〉, 〈어리석은 아낙네들〉, 그리고 〈북극의 나누크〉 등은 여전히 고전이고 지금도 감상되고, 연구되고 있습니다. 심지어 〈키드〉는 100주년을 맞아 얼마 전에 국내에서 정식 개봉되었어요. 그건 〈국가의 탄생〉도 마찬가지입니다. 어쩔 수 없지요. 이 작품을 빼고 영화사를 이야기한다면 역사 조작이 될 테니까요. 인종차별을 비판하고 관용을 호소하는 그리피스의 이후 영화들을 온전하게 이해하기 위해서라도 이 작품을 먼저 봐야 합니다.

이 두 리스트는 무엇을 의미할까요?

일단 1916년은 영화사 최고의 걸작을 뽑기엔 너무 이른 시기였습니다. 최초의 장편 영화인 〈카브리아〉가 나온 게 겨우 1914년. 미국 최초의 장편 영화인 〈국가의 탄생〉은 1915년작이었습니다. 「모션 픽쳐 매거진」의 리스트에 실린 영화들은 모두 1913년에서 1915년 사이에 걸쳐져 있습니다. 이 잡지의 독자들은 그냥 최선을 다했던 거예요.

7년의 세월이 흘렀습니다. 케이팝 아이돌 그룹 수명 정도의 시간이 지났을 뿐인데, 벌써 「스크린랜드」의 역사상 최고의 영화 리스트는 진짜 걸작들로 채워졌습니다. 잊힌 영화들도 있고, 평가가 떨어진 영화도 있지만, 그건 과거에 만들어진 모든 리스트가 그렇지요. 이 정도면 눈부신 발전입니다.

많은 사람들은 예술사를 발전의 과정으로 생각해요. 그리고 그건 어느 단계에서는 사실입니다. 기술을 배우고, 경험을 쌓으면서 매체가 성숙해 가는 과정이 있어요. 하지만 완성된 걸작들이 나올 때까지는 그렇게 오랜 세월이 걸리지 않습니다. 누군가는 그 시기의 경험과 기술로 갈 수 있는 최고의 정점을 찍어요. 환경만 조성된다면 걸작은 우리 생각보다 쉽게 나옵니다.

그중 상당수는 오로지 그 시대에서만 만들어질 수 있습니다. 1920년대 사람들은 조지 밀러의 〈매드맥스: 분노의 도로〉 같은 영화를 만들 수 없었습니다. 하지만 우리도 무르나우의 〈선라이즈〉 같은 영화는 못 만들어요. 정교하게 모방할 수는 있겠지요. 하지만 오로지 1920년대 사람들이 그 당시의 감수성과 경험을 바탕으로 만들었던 그 영화들은 다시 만들어질 수 없습니다. 지금 우리가 아무리 정교하게 과거의 스타일을 재현해 영화를 만들어도 그 작품은 여전히 1920년대 영화들과 전혀 다른 의미를 가지는 2020년대 영화입니다.

예술사는 다양성이 증가하는 과정에 가깝습니다. 지금의 우리가 할리우드 최고 걸작들이 쏟아져 나왔던 1930년대나 40

년대 스타일의 영화를 만들지 않는 건 이미 그 시대 사람들이 그 시대에만 가능한 방식으로 그 영화들을 충분히 많이 만들었기 때문입니다. 우리는 과거의 영화와 경쟁하지도 않습니다. 〈매드맥스: 분노의 도로〉를 가능하게 했던 첨단 기술과 새로운 영화적 언어는 〈선라이즈〉를 뛰어넘기 위해서가 아니라 이 영화와 전혀 다른 영화가 되기 위해 동원되었습니다.

우리가 옛날 영화를 보아야 하는 이유도 여기에 있습니다. 우리 세대의 영화는 지난 1세기 넘게 쌓아온 영화사의 끄트머리일 뿐입니다. 지금의 영화만 봐서는 경험할 수 없는 수많은 영화적 체험이 과거의 영화들 속에 있습니다.

• 〈보이지 않는 적〉, 〈서스펜스〉

비슷한 시기에 나온 두 편의 무성 영화를 소개합니다. D. W. 그리피스의 1912년작인 〈보이지 않는 적An Unseen Enemy〉, 그리고 로이스 웨버와 필립 스몰리의 1913년작인 〈서스펜스Suspense〉입니다. 모두 같은 서브 장르에 속해 있어요. 홈 인베이션 스릴러. 내용과 구조도 거의 같습니다.

〈보이지 않는 적〉은 내용보다는 스틸 사진으로 유명합니다. 바로 다음 페이지의 사진인데요. 프랑수아 트뤼포가 〈아메리카의 밤〉(1973, 국내 개봉 제목은 〈사랑의 묵시록〉) 오프닝에서 이 사진을 인용하며 릴리언과 도로시 기시 자매에게 자신의 영화를 헌정했던 것입니다. 마치 소설가가 도입부에서 다른 소설의 문장을 인용하듯이요. 비교적 최근까지 그리피스의 단편 영화는 업계 전문가나 시네마테크 단골 영화광이 아닌 사람들은 접하기 쉽지 않았으므로 대부분 사람들에게 이 영화는 저 사진이 전부였지요.

제작 과정 당시의 에피소드도 영화 내용보다 유명합니다. 이 영화는 기시 자매의 영화 데뷔작입니다. 그리피스는 기시 자매를 구별하지 못해서 머리를 묶은 리본 색깔로 불렀고 공

〈보이지 않는 적〉(1912)

포 연기를 끌어낸다면서 리허설 때 진짜 총으로 자매를 위협했습니다. 요새 같았다면 온라인에 공론화되었을 일입니다. 다행히도 그에 대해 알게 된 메리 픽포드가 그리피스에게 따지자 그 뒤로는 안 그랬답니다. 이 이야기의 교훈은? 업계에 힘 있는 여자 선배가 있는 건 정말 중요하다는 것이지요.

영화의 내용은 단순합니다. 얼마 전에 아버지를 잃어 고아가 된 삼남매가 있습니다. 오빠가 막 아버지의 부동산 일부를 처분해 현금이 생겼습니다. 은행에 가기엔 너무 늦어서 이들은 금고에 돈을 보관합니다. 오빠가 집을 비우고 자매만 남자, 사악한 가정부는 친구를 불러 금고를 털려고 합니다. 그리고 맞은편 방에 숨어 있는 두 자매를 총으로 위협합니다. 자매가 갇힌 방에 난 구멍에 총을 든 손을 쑤셔 넣어 흔들면서요. 자매는 전화로 오빠에게 도움을 요청하고 오빠는 친구들과 함께 동생을 구하러 달려옵니다.

그리피스가 이런 이야기의 영화를 처음 만든 건 아니었습니다. 1909년에 이미 앙드레 드 로드André de Lorde라는 프랑스 작가가 쓴 'Au Téléphone'(At the Telephone)이라는 연극을 각색한 〈외딴 빌라The Lonely Villa〉라는 단편을 만든 적 있지요. (앞에서 언급된 메리 픽포드의 데뷔작입니다) 아버지가 집을 비운 동안 범죄자들이 집에 침입하고 아내와 두 딸이 아버지에게 전화로 연락하고. 거의 같은 이야기인데 여자 주인공들에게 집중하고 상황을 조금 바꾸어 다시 만든 것이죠 당시 관객들에겐 이 두 영화 모두 우리가 느끼는 것보다 훨씬 영화적인 체험이었을 것입니다. 실내 장면은 여전히 연극처럼 찍혔지만 집으로 달려오는 남자들의 질주와 교차 편집으로 보여지면 사정은 달라지지요.

요새 관객들에겐 〈보이지 않는 적〉이 아주 이상해 보일 것입니다. 그 이유 대부분은 기시 자매가 연기하는 여자 주인공들의 행동 때문이지요. 이들이 갇힌 방은 1층에 있기 때문에 그냥 창문으로 달아나도 됩니다. 총은 당연히 무섭지만 구멍으로 쑤셔 넣은 손으로는 제대로 된 겨냥이 불가능하니 그렇게 무서워할 필요도 없어요. 그런데도 이들은 정말 한심할 정도로 무력하기 짝이 없고 남자들이 구하러 올 때까지 아무것도 안 합니다. 이 과장된 무력함은 당시 사람들의 선입견과 관련되어 있습니다. 대부분 대중문화에 속한 이야기를 짜는 사람들은 실제 여자들보다 관습화된 여자들의 이미지를 먼저 보기 마련이고, 〈보이지 않는 적〉은 그 결과물인 거죠. 하지만 비웃기 전에 한번 스스로를 돌이켜 보는 것이 어떻습니까? 요즘 사람들은 정말 다른가요?

〈서스펜스〉 이야기를 하겠습니다. 이 영화를 만든 로이스 웨버와 필립 스몰리는 부부입니다. 로이스 웨버는 이 영화의 여자 주인공을 연기한 배우이기도 하지요. 이 영화를 찍을 때 두 사람의 역할이 어떻게 나뉘었는지에 대해서는 구체적으로 알려져 있지 않습니다. 단지 최근에 로이스 웨버는 선구적인 미국 여성 영화 감독으로 주목을 받고 있기 때문에 이 영화는 웨버의 작품으로 언급되는 경향이 있습니다.

아까도 말했지만, 〈보이지 않는 적〉과 거의 같은 내용입니다. 엄마와 아기만 있는 집에 부랑자가 침입합니다. 전화로 이 사정을 알게 된 남편은 길가에 서 있는 남의 차를 타고 집으로 달려가고 차 주인과 경찰은 남편을 추적합니다. 두 영화 모두 소위 '하층 계급' 남자들에 대한 중산 계급 사람들의 공포와 혐오를 반영한다는 공통점도 있지요.

〈보이지 않는 적〉과 〈서스펜스〉를 이어서 보면 관객들은 조금 놀라게 됩니다. 겨우 1년 간격을 두고 나온 작품들인데 〈서스펜스〉는 거의 다른 시대의 영화처럼 보입니다. 〈보이지 않는 적〉의 촬영과 편집은 비교적 단조로워요. 실내 장면은 거의 연극과 같은 구도로 찍었고 카메라도 별로 움직이지 않습니

〈서스펜스〉(1913)

다. 이들을 영화적으로 만들어 주는 건 남자들이 등장하는 야
외 장면과의 교차 편집 정도죠. 전에 나온 〈외딴 빌라〉와 비교
해도 큰 발전은 느껴지지 않습니다. 배우의 연기를 담는 기법
은 조금 나아졌지만요.

하지만 〈서스펜스〉는 같은 이야기를 훨씬 영화적으로 접근
합니다. 직장의 남편, 아내, 부랑자를 동시에 보여 주는 화면
분할부터 뭔가 달라요. 그리고 집으로 들어가는 부랑자와 2층
의 아내가 눈이 마주치는 장면에서 부랑자의 클로즈업은 충격
적이고 강렬합니다. 정말로 침입당한 여자의 공포가 느껴지는
순간이지요. 1년 전에 나온 그리피스의 영화에서는 볼 수 없
었던 장면입니다. 그 뒤에 이어지는 카체이스 장면들은 어떻
고요? 백미러를 통해 뒤에서 쫓아오는 차를 보여 주는 기법과
같은 건 스필버그도 쓰고 있습니다. 단지 스필버그의 영화에

서 쫓아오는 건 차가 아니라 티라노사우루스지만요.

　이 영화를 통해 우리가 알 수 있는 건 무엇일까요. 일단 기술의 발전 속도는 일정하지 않습니다. 어떤 때는 〈서스펜스〉처럼 갑작스럽게 도약하기도 하지요. 그리고 그 도약은 꼭 당대를 대표하는 유명한 거장을 통해서만 이루어지지는 않습니다. 많은 경우 그 거장은 임의로 선정되었고, 더 뛰어나고 모험적인 창작자가 그 이름 뒤에 묻혔을 가능성도 있어요. 그 창작자가 백인 남성이 아닐 때는 유명한 거장이 대충 넘겼던 동시대 사람들의 불안과 공포를 잡아냈을 가능성도 있고요.

• 리스트는 필요한가?

　반드시 봐야 할 고전 영화 리스트를 언급해야 할 타이밍인
가요? 하지만 전 그럴 생각이 없습니다. 앞으로 좋아하는 영
화, 중요한 영화, 둘 다 아니더라도 이야기하고 싶은 작품들을
꾸준히 언급하고 소개하겠지만 반드시 봐야 할 걸작 같은 것
들을 나열할 생각은 없어요. 이미 여러분에게 도움이 되는 수
많은 리스트가 있습니다. 우선 「사이트 앤 사운드」에서는 1952
년부터 10년마다 역대 최고의 영화를 뽑고 있지요. (그리고 보
니 새 리스트가 곧 뜨겠네요) 그밖에도 수많은 영화책들이 있어
요. 지금 제 방엔 『죽기 전에 꼭 봐야 할 영화 1001』과 로저 이
버트의 칼럼을 모은 『위대한 영화』 시리즈가 있습니다. 모두
입문서로 좋습니다. 찾아보면 더 있겠죠. 여기서 굳이 제가 나
설 필요까지야.

　걸작들의 리스트를 따라가다 보면 훌륭한 영화를 마주칠 가
능성이 높아집니다. 그중에는 여러분의 감각과 감정을 뒤흔들
영화들도 많겠지요. 실패할 가능성이 적은 투자입니다. 이들
로 이루어진 계보를 아는 것도 중요합니다. 수많은 훌륭한 현
대 영화들이, 관객들이 과거의 영화들을 알고 있다고 치고 넘

어갑니다. 토드 헤인즈의 〈캐롤〉에서 테레즈의 친구가 캐롤과 테레즈가 같이 있는 걸 목격하는 도입부 장면은 데이비드 린의 〈밀회〉에서 인용한 것으로, 이 다르면서도 비슷한 두 영화가 만들어내는 정교한 화음을 들을 수 있는 관객들에게 최적화되었습니다.

〈캐롤〉의 인용은 노골적이지만 그렇지 않은 영화 중에서도 독립된 작품은 없고 모든 영화는 과거 영화와의 대화입니다. 이들에 대한 최소한의 지식 없이 작품의 오리지널리티를 읽겠다면… 혹시 여러분은 초능력자인가요? 당연히 아니겠지요.

평범한 영화에 대한 수많은 호들갑은 무지에서 옵니다. 그 예로 요새 한국 조폭 누아르 영화들에 대한 팬들의 반응은 그들이 1980~90년대 홍콩 영화들을 보지 않는다는 증거 이상도, 이하도 아니죠. 우린 모든 영화를 볼 수 없습니다. 그래도 관심 대상이 있다면 주어진 시간 안에서 주변을 뒤지는 노력은 해야죠. 전 기초적인 구글링도 안 하는 사람들의 관심은 믿지 않습니다.

단지 여기서 잊지 말아야 할 게 하나 있습니다. 우리가 영화사의 공부를 통해 배우는 걸작들의 계보는 존재할 수 있는 유일한 계보가 아닙니다. 끊임없는 양의 되먹임을 통해 강제적으로 만들어진 탑이죠. 그래서 중요해요. 모두가 공유하는 일반 교양이니까요. 하지만 그 작업 바깥엔 이들만큼, 심지어 이들보다 더 훌륭한, 적어도 더 재미있는 영화들이 있습니다.

수많은 영화광이 이 상아탑에서 벗어난 자기만의 계보를 갖고 있습니다. 최근 들어 가장 영향력이 컸던 사람은 쿠엔틴 타란티노지요. 비디오 가게 직원이었던 시절부터 수많은 싸구려 선정 영화들을 보면서 자기만의 세계를 다졌던 사람입니다. 타란티노가 영화계의 거물이 되고 DVD 시대가 찾아오면서 지금까지 거의 묻혀 있던 수많은 영화가 타란티노의 추천을 타고 위로 올라와 대중에게 소개되었습니다. 그리고 이들은 「사이트 앤 사운드」의 상아탑에서 벗어난 성공적인 대안 계보가 되었지요. 이런 가능성을 가진 많은 영화가 걸작 리스트 바깥에 있습니다. 그리고 그들은 리스트를 벗어나지 않으면 찾을 수 없지요.

여기서 걸작 리스트를 뽑지 않는 이유가 또 있습니다. 걸작만으로 이루어진 영화 경험은 그냥 빈약해요. 이건 여러분도 알고 있습니다. 걸작만 보시나요? 그러고 싶으신가요? 아니잖아요. 하지만 옛날 영화에 대해 이야기하기 시작하면 사람들은 갑자기 까다로워집니다. 세월의 테스트를 통과하지 못한 영화들은 볼 가치가 없다고 생각하지요. 하지만 그럴 리가요. 모든 경험은 어느 정도 잡다할 필요가 있습니다. 이상한 것도 보고 나쁜 것도 봐야 자신의 경험을 통제할 수 있지요. 그리고 형편없는 영화, 평범한 영화를 보는 것 역시 중요한 경험입니다. 전 과거의 평범한 영화들을 보는 경험의 중요성을 강조하는 편입니다. 종종 이들의 역사적 데이터로서의 가치는 걸작보다 더 큽니다.

　이 책은 걸작들의 리스트가 아닙니다. 대신 전 옛날 영화들을 보는 관객들이 얼마나 다양한 영화를 만나고 얼마나 다양한 경험을 할 수 있는지 보여 주고 싶어요. 그중에는 불쾌하고 고통스러운 경험도, 불필요하고 무의미한 경험도 있습니다. 모험이란 원래 그런 것이니까요.

• 인류 역사상 옛날 영화를 보기 가장 좋은 시대

우리는 지금 인류 역사상 옛날 영화를 보기 가장 좋은 시대에 살고 있습니다.* 지금부터 왜 그런지 설명해 드릴게요.

하나, 일단 영화를 접할 수 있는 통로가 늘었습니다. 예전에 옛날 영화를 볼 수 있는 길은 드물게 옛 영화를 재개봉해 주는 영화관과 텔레비전이 전부였습니다. 대도시에 사는 운 좋은 사람들에겐 시네마테크가 있었는데, 1990년대에 접어들기 전까지 대부분 한국 사람들은 그게 뭔지도 몰랐습니다. 아, 서울 사람들에겐 프랑스와 독일 문화원이 있었군요. 나이 지긋한 영화광들은 프랑스 문화원 지하의 뤼미에르 극장에서 16밀리 필름으로 틀어 주던 옛 영화들을 기억하겠지요.

그러다 비디오테이프와 LD가 등장했고, DVD와 블루레이, 스트리밍 서비스가 뒤를 이었습니다. 이제 사람들은 주체적으로 보고 싶은 영화를 골라서 볼 수 있게 되었습니다. 시네마테크와 영화제도 엄청나게 늘었고요. 지금은 이제 보고 싶은 옛

---

* 영화의 역사는 어리고 짧고 단조롭기 때문에 뭘 해도 '인류 역사상', '인류 최초' 같은 말을 붙이며 허풍을 떨 수 있습니다. 참고하세요.

날 영화를 챙겨보기도, 전에는 존재하는지도 몰랐던 영화를 발견하기도 이전보다 훨씬 쉬운 시대입니다.

둘, 우리는 더 좋은 화질과 음질로 영화를 감상할 수 있습니다. 불법 복사한 비디오테이프의 시대도, 오버스캔으로 화면 사방을 잘라먹는 배 볼록한 브라운관 텔레비전의 시대도, 속도 보정이 되지 않아 의도치 않은 코미디가 된 무성 영화의 시대도, 양쪽이 잘려나간 팬앤스캔 영화의 시대도 갔습니다. 여러분이 최근에 표준 가격의 텔레비전을 샀다면 이론상 웬만한 옛 극장에서보다 훨씬 좋은 화질로 영화를 볼 수 있습니다. 나이든 영화팬들이 향수하는 옛 극장들의 영사 상태가 실제로는 얼마나 끔찍했는지는 이미 여러 차례 이야기했기 때문에 반복하지는 않겠습니다.

심지어 우린 당시 영화팬들이 개봉관에서 보았던 것보다 더 좋은 화질과 음질로 몇몇 옛 영화들을 감상할 수 있습니다. 제대로 작업한 4K 디지털 복원판이라면 웬만한 극장 상영 필름보다 해상도가 높습니다. 물론 크리스토퍼 놀란 같은 사람은 필름은 해상도와 상관없다, 디지털 기술은 절대로 필름의 느낌을 재현할 수 없다고 주장할 것이고 맞는 말입니다. 하지만 전 〈지옥의 묵시록〉의 이전 두 버전을 모두 극장에서 보았고 얼마 전에 〈파이널 컷〉을 돌비 시네마로 보았는데요. 이 영화와 관련된 최고의 경험이었습니다. 어떤 필름 상영도 그런 경험을 제공해 주지 못했어요. 여전히 전 시네마테크에서 틀어 주는 낡은 필름의 질감을 사랑하지만, 디지털 기술은 옛 영화가 우리에게 더 가까워지게 돕고 있습니다. 언젠가는 놀란의 눈까지 속일만큼 그럴싸하게 필름 질감을 재현하는 기술도 나오겠지요.

셋, 여러분은 옛 관객들보다 영화를 더 잘 읽을 수 있습니다. 물론 당시 관객들만 이해할 수 있었던 수많은 디테일은 놓칠 수밖에 없겠지요. 하지만 여러분은 영화라는 매체를 이전 관객들보다 훨씬 잘 이해할 수 있습니다.

사람들이 얼마나 이상하게 무식할 수 있는지 한번 이야기해 볼까요?

1980년대 중엽이었습니다. 전 집에서 빈둥거리며 텔레비전으로 존 포드의 〈황야의 결투My Darling Clementine〉를 보고 있었습니다. 그런데 친척 아저씨가 텔레비전을 보더니 왜 흑백으로 나오느냐, 텔레비전이 고장 난 거냐고 물었습니다. 전 흑백 영화라서 그렇다고 대답했습니다. 놀랍게도 그 친척 아저씨는 그 정보를 이해하지 못했습니다. 컬러 텔레비전이니 모든 영화가 컬러로 나와야 한다고 믿었던 거예요. 소위 톱에 속하는 대학을 나온 이공계 전문가인데도 흑백 영화는 컬러 텔레비전으로 봐도 흑백이라는 사실 자체가 입력이 안 됐습니다.

21세기가 됐습니다. 전 역시 집에서 뒹굴거리면서 케네스 브래너의 〈사랑의 헛수고〉를 DVD로 보고 있었습니다. 스코프 비율이었기 때문에 위아래로 블랙바가 생겼지요. 그리고 당시 텔레비전은 4:3 비율이었기 때문에 블랙바가 지금보다 컸습니다. 그때 영화광을 자처한 지인이 그걸 보면서 왜 화면이 저러냐고 물었습니다. 전 원래 화면 비율을 보존하기 위해서라고 대답했습니다. 놀랍게도 이 정보 역시 그 지인의 머리에 입력되지 못했습니다. 저보다 30년은 더 영화 감상 경험이 많은 사람에게 길쭉한 화면을 살리려면 위아래가 빌 수밖에 없다는 단순한 기하학 정보를 이해시키지 못해 쩔쩔맸던 저의 절망감을 상상해 보세요.

우리의 두뇌는 경험 안에 게으르게 갇혀 있습니다. 그리고 경험 바깥의 세계에 대해서는 진짜 아무 생각도 없습니다. 그건 지금도 마찬가지입니다. 이 글을 읽는 여러분 상당수는 아주 당연하기 짝이 없는 사실을 이해하지 못하거나 이해 자체를 거부할 것이며, 20년쯤 뒤엔 지금 그런 상태였다는 사실 자체에 놀랄 것입니다. 운이 좋다면 말이죠. 운이 나쁘면 여러분은 죽을 때까지 그 상태에서 벗어나지 못할 겁니다.

형편없는 영사 상태의 영화관과 팬앤스캔 비디오 화면 같은 것들은 영화적 언어를 빨아들이는 걸 방해합니다. 비짜 비디오로 희귀한 영화를 보며 지식을 독점하던 옛날이 좋았다고 느끼는 사람들도 많겠지만 영화를 최대한 좋은 화질로 손상 없이 보는 것, 이를 통해 최대한 다양한 어휘를 구별하는 것은 중요합니다.

자, 이제 여러분의 이야기를 해 보죠. 여러분은 극장에서 흑백 영화를 보는 것에 별 거부감이 없습니다. 지금은 흑백 영화가 이전보다 훨씬 자주 나오고 〈쉰들러 리스트〉, 〈동주〉 같은 영화들은 흑백이었어도 흥행에 성공했지요. 하지만 2, 30년 전만 해도 흑백 영화를 "잘난 척하는 사람들만 보는 창백한 영화들"이라며 진심으로 증오하는 사람들이 있었습니다. 여러분은 다양한 화면 비율을 이해합니다. 지금의 1.78:1 비율의 텔레비전 화면은 다양한 화면비율을 훨씬 융통성 있게 소화하고, 넷플릭스가 2.0:1 화면비율을 도입한 뒤로는 심지어 텔레비전 드라마도 화면비를 다양하게 쓰고 있으니까요.* 여러분은 마야 데렌의 〈오후의 올가미〉와 같은 아방가르드 영화를 보고도 그렇게까지 당황하지 않습니다. 이 영화를 아방가르드로 만들었던 어휘와 서술 방식은 지금 케이팝 뮤직비디오에서도 흔히 찾아볼 수 있으니까요. 다시 말해, 지금의 관객들은 부모 세대보다 훨씬 많은 걸 보고 이해할 수 있는 관객입니다. 소소한 어휘에 예민하고 표현의 다양함에 관대하지요. 게다가 요새는 정보 시대라 지식 쌓기도 쉬워졌어요

---

* 요샌 일일연속극을 제외한 대부분의 드라마가 다양한 와이드스크린 비율을 쓰고 있습니다. 그런데도 텔레비전에서 틀어 주는 극장용 영화의 상당수가 팬앤스캔인 건 어떻게 설명해야 할까요.

• 그런데도 왜 옛날 영화를 보기가 이렇게 힘이 들까

　지금 수많은 영화광들은 이렇게 바뀐 환경의 혜택을 입고 있습니다. 하지만 지금 제가 쓰고 있는 건 영화광들을 위한 책이 아니에요. 특히 자신이 시네필이라고 믿고 있거나, 아무도 신경 쓰지 않는데 자신이 시네필이 아니라고 열심히 우기는 사람들에겐 이 책이 필요 없습니다. 21세기 이전 영화들을 보기 힘들어하는 수많은 사람을 위한 책이니까요.

　왜 이런 사람들이 늘어나고 있을까요? 두 가지 이유를 들 수 있습니다.

　하나, 소비해야 할 동시대의 콘텐츠가 엄청나게 늘어났습니다. 개봉 영화의 수도 늘었고, VOD와 OTT로 볼 수 있는 영화들은 더 늘었습니다. 국내와 국외 드라마의 수는 정말 엄청나게 늘었고요. 영화와 드라마를 제외한 영상물의 수도 이제 기하급수적으로 늘고 있습니다. 전 영화를 보는 게 직업이고 이들을 따라잡기 위해 매일 세 시간 이상, 어떤 때는 거의 하루 종일을 투자하고 있는데, 여전히 충분히 커버하고 있다는 생각은 안 듭니다. 영화 보는 것이 그냥 취미인 사람들에겐 시간이 더 부족하겠지요. 이들이 동시대에 잡혀 있는 건 충분히 이해가 됩니다. 일단 우리가 살고 있는 시대가 중요하니까요.

둘, 우리의 취향과 관심사는 그 와중에 축소되고 있습니다. 이건 상대적인 것이라 여분의 설명이 필요합니다.

옛날 옛적 순진했던 시절, 전 정보화 시대가 되면 사람들은 다양한 창작물 사이를 자유롭게 누비고, 다양한 생각과 아이디어를 접할 거라 믿었습니다. 그리고 기술적으로는 이미 그런 환경이 조성되어 있습니다. 인터넷과 연결된 휴대 전화가 있는 사람들은 전 세계에 존재하는 모든 시대, 모든 장르의 음악을 감상할 수 있습니다. 그리고 수많은 사람이 이 다양성의 혜택을 보고 있지요. 케이팝과 케이 드라마도 그 수혜자 중 하나입니다. 전 이전보다 아프리카 국가에서 나오는 영화들을 훨씬 많이 접하고 있습니다. 우스만 셈베네와 같은 아트하우스 거장의 작품들이 아니라 동시대 평범한 대중 영화들요. 이역시 기술 발전의 혜택이지요.*

하지만 이 기술은 감옥이 되기도 합니다. 예를 들어 여러분이 현재 활동 중인 케이팝 아이돌 그룹 팬이라고 칩시다. 여러

---

* 동시대 아프리카 국가에서 만들어진 평범한 영화들을 보는 것은 중요합니다. 우리가 게으르게 아프리카라는 단어 안에 가두고 별생각이 없는 대륙에 있는 수많은 사람들이 우리와 같은 시대를 살면서 얼마나 다양한 고민과 경험을 하는지, 이들이 자신을 어떤 모습으로 보고 어떤 모습으로 보여지길 원하는지 알 수 있으니까요. 적어도 이런 영화들을 몇 개 챙겨 본 사람들은 "손발노동은 아프리카에서나 하는 것" 따위의 한심한 소리가 입 밖으로 튀어나오기 전에 브레이크를 밟을 능력이 생기겠지요.

분이 여가 시간 전체를 이 그룹 관련 콘텐츠로 채우는 건 이론상 충분히 가능합니다. 뮤직비디오, 음악 방송, 콘서트, SNS 게시물, 인스타그램과 브이앱 라이브, 리얼리티 프로그램, 직캠, 팬아트, 팬픽 기타등등. 하나의 취향, 하나의 의견에 맞춘 재료들이 끝없이 제공되는 것입니다. 그렇다면 왜 귀찮게 엉덩이를 들어 이 동네를 떠나야 하죠?

모든 게 너무 많은 세상에서 사람들은 너무나도 쉽게 익숙한 좁은 동네에 안주합니다. 케이팝 팬들도 그렇고 소위 '보수' 유튜브에 중독된 태극기 할배들도, 인터넷 게시판의 잡다한 혐오 사상에 중독된 사람들, 종교 광신자들, 백신 음모론자들, 지구가 평평하다고 믿는 사람들 모두가 그래요. 이들이 아니더라도 대부분 사람은 유튜브 추천 알고리듬에 갇히는 게 어떤 기분인지 압니다. 끝없이 취향에 맞는 무언가를 제공받긴 하는데, 그 취향은 여러분 전체 취향의 일부에 불과하고, 여러분이 추구해야 하고, 추구하고 싶은 영역과 비교하면 징그러울 정도로 협소한 것입니다. 그런데도 양은 엄청 많지요.

이런 편식은 의도적으로 피해야 할 필요가 있습니다. 전 주기적으로 유튜브를 다양한 소재의 동영상으로 채웁니다. 유튜브 바깥에서도 비슷한 통풍이 필요합니다. 다른 시대의 작품들, 다른 문화권의 작품들, 관심 바깥의 작품들, 우리가 전에는 몰랐던 작품들을 꾸준히 발견하는 과정이 필요하지요. 하나만 파는 오타쿠가 되는 건 죄가 아니지만 이건 오타쿠와는 상관이 없어요. 대부분 사람들은 좋아하는 걸 집중해서 파는 거라기보다는 낯설고 불편하고 귀찮은 걸 게으르게 피하는 거니까요. 골수 오타쿠들은 이렇게 호기심이 부족하지 않아요.

옛날 영화로 제한해 말한다면, 다양한 시공간의 영화들을 보는 건 여러분이 생각하는 것보다 훨씬 중요합니다. 현재는 어쩔 수 없이 과거의 표면에 불과하고 역사는 늘 역동적이고 입체적입니다. 우리가 현재의 어느 지점에 있고 어느 속도로 움직이는지 알려면 과거를 봐야 합니다. 모든 과거를 다 알 필요는 없습니다. 그건 불가능합니다. 하지만 지금의 위치가 어디인지 측량할 수 있을만큼은 알아야 합니다. 그리고 가장 단순한 삼각측량을 하려고 해도 최소한 과거의 두 지점이 필요하지요.

• 헤이즈 규약

존 에이거라는 배우가 있었습니다. 젊었을 때는 〈이오지마의 모래〉, 〈아파치 요새〉, 〈노란 리본〉과 같은 존 웨인 주연 영화에 조연으로 출연하며 경력을 쌓았어요. 그러다 〈아파치 요새〉에서 같이 공연했던 왕년의 전설적 아역 스타 셜리 템플과 결혼했다가 5년 뒤에 이혼했는데, 전에도 그렇게까지 높지는 않았던 인기가 급추락했습니다. 셜리 템플과 이혼하면 그렇게 돼요. "엠파이어스테이트 빌딩 꼭대기에서 떨어지면 죽는다"와 비슷한 자연 법칙입니다.

에이거의 경력을 그럭저럭 구원해 주었던 건 1950년대 SF 영화들이었습니다. 대부분 이 장르의 영화들이 그렇듯 저예산 B 영화들이었지요. 〈타란툴라〉, 〈아로우스 행성에서 온 두뇌〉, 〈괴물의 복수〉, 〈몰 피플〉과 같은 작품들요. 이 사람은 그때도 회사가 자길 만날 이런 영화에만 출연시킨다고 불평했다지만, 요새 사람들에게 에이거의 대표작은 이 영화들입니다.

그중 1956년작인 〈몰 피플〉 이야기를 해 볼게요. 수메르 문명을 연구하는 고고학자들이 지하에서 돌연변이 두더지 인간을 노예로 삼아 살고 있는 수메르인의 알비노 후손들을 발견한다는 이야기입니다. 허버트 조지 웰즈, 에드가 라이스 버로스, 헨리 라이더 해거드를 조금씩 섞은 것 같아요. 여기서 존 에이거가 연기하는 고고학자 로저 벤틀리는 아름다운 선주민 여인 아다드와 함께 지하 왕국에서 탈출합니다. 이쯤해선 러닝타임도 거의 다 썼으니 지상으로 올라온 두 사람이 쪽쪽 키스하며 영화가 끝날 거라고 기대하는 건 자연스럽습니다.

그런데 안 그렇습니다. 영화는 갑작스러운 지진으로 아다드가 죽으면서 끝이 납니다. 영화 보다가 어이가 없었던 게 지금도 기억이 나요. 도대체 왜? 왜 그랬던 거야? 하지만 당시 할리우드 사람들에겐 그 결말은 어쩔 수 없는 것이었습니다. 누가 봐도 할리우드 금발 미녀였던 아다드(신시아 패트릭이라는 백인 금발 미녀 배우가 연기했습니다)는 설정상 수메르인이었습니다. 미국인 백인 남자와 맺어져서는 안 되었어요. 이 영화를 만든 사람들도 이 결말이 싫었을 겁니다. 원래는 해피엔딩으로 찍었다가 나중에 다시 지금 결말을 찍었거든요. 하지만 당시 할리우드에서는 백인 남자가 금발 미녀와 결혼한다는, 세상에서 가장 뻔한 할리우드 결말도 막는 어마어마한 자기검열의 힘이 있었습니다.

여기서 헤이즈 규약에 대해 이야기해 보죠. 정식 명칭은 영화 제작 규정Motion Picture Production Code이라고 합니다. 헤이즈는 미국영화제작배급협회장이었던 윌 H. 헤이즈를 말합니다. 미국영화계에서는 1934년부터 헤이즈의 지휘 아래 엄격한 검열

규약이 적용되었고 공식적으로는 1968년까지 갔어요. 그 뒤에 우리가 아는 영화 등급 제도Motion Picture Association film rating system 로 대체되었지요. (G, PG, PG-13, R로 나뉘는 그 등급 말입니다)

〈몰 피플〉이 나왔던 때는 이미 헤이즈 규약이 붕괴되어가 던 시기였습니다. 이 규약은 1930년대 후반과 40년대에는 엄 격하게 지켜졌지만 1950년대부터 점점 힘을 잃어갔어요. 이런 규약 따위는 신경도 쓰지 않는 외국 영화들이 들어왔고 옛 도 덕이 점점 힘을 잃어갔으니 언제까지 이 규약을 따르며 구닥 다리 영화를 만들 수는 없었습니다.

보수적 도덕 기준을 준수하는 게 그렇게 나쁘게 들리진 않 습니다. 헤이즈 규약이 군림하던 시절은 할리우드의 전설적인 고전 영화들이 나왔던 시기이기도 했습니다. 여러분은 〈시민 케인〉, 〈오즈의 마법사〉, 〈싱잉 인 더 레인〉, 〈히스 걸 프라이 데이〉, 〈카사블랑카〉, 〈현기증〉과 같은 영화가 검열 때문에 망 쳐진 작품이라고 생각하지는 않을 겁니다. 영화 속에서 존 웨 인의 누드나, 베티 데이비스의 비속어를 접하지 못했다고 해 서 우리가 무엇을 잃었다고 생각할 필요가 있을까요?

아무리 엄격하고 기괴한 검열의 시대라고 해도 그 경계선과 충돌하지 않거나 교묘하게 피해갈 수 있는 안전지대가 있습니 다. 하지만 그런 안전지대가 존재한다고 해서 검열이 무해하 다는 뜻은 아닙니다. 수많은 이야기꾼이 헤이즈 규약에 걸려 좌절했습니다. 어떤 때는 우회로를 찾을 수 있었지만 어떤 경우는 정말 답이 없었으니까요.*

〈몰 피플〉은 정말로 이상한 자기 검열의 사례인데, 이 정도까지는 아니더라도 괴상한 예는 얼마든지 있습니다. 1940년에 나온 그리어 가슨과 로렌스 올리비에 주연의 〈오만과 편견〉에서 원작에선 목사였던 콜린스는 사서가 되었습니다. 1948년작 〈삼총사〉에서 리슐리외는 추기경 겸 수상이 아니라 그냥 수상입니다. 왜일까요. 헤이즈 규약이 성직자를 놀려대는 걸 금했기 때문입니다.**

다시 말해 당시는 모두가 내용을 아는 고전과 역사적 사실도 검열을 피할 수 없었던 것입니다. 헤이즈 규약은 출산의 구체적인 묘사도 금했습니다. 〈바람과 함께 사라지다〉에서 멜라니의 출산은 오로지 그림자로만 묘사되어야 했지요. 헤이즈

---

* 〈카사블랑카〉도 자기 검열을 거친 작품입니다. 원작 희곡에서 유부녀인 일사가 릭과 동침하는데, 영화에서는 불가능했지요. 파리에서 릭과 일사가 연애하는 것도 부도덕한 일이었지만 당시 일사는 남편이 죽었다고 믿었기 때문에 가까스로 통과했는데, 그래도 영화는 일사와 릭이 성관계를 맺었다는 걸 보여 주는 힌트를 안 줬습니다. 두 사람이 손만 잡고 잤다고 믿는 관객은 단 한 명도 없지만요.

헤이즈 규약에 보다 심하게 얻어맞은 영화는 윌리엄 와일러의 〈그 세 사람〉입니다. 릴리언 헬먼의 원작 『아이들의 시간』은 동성애자라는 비난을 받는 두 학교 교사 이야기였습니다. 하지만 헤이즈 규약의 세계에서는 동성애 자체가 존재해서는 안 되기 때문에 한 남자를 사이에 둔 삼각관계의 스캔들 이야기로 바뀌었지요. 이에 만족하지 못한 와일러는 1960년대가 되어 손발이 풀리자 같은 원작을 보다 충실하게 담아낸 〈아이들의 시간〉이라는 영화를 만들었습니다. 하지만 우리나라에서 가장 사랑받는 해외 배우 오드리 헵번이 주연했는데도 불구하고, 이 영화는 국내엔 그렇게 잘 알려져 있지는 않아요. 최근엔 접근성이 조금 높아졌습니다만.

아, 오드리 헵번 하니 생각나는 게 있습니다. 〈캐롤〉이 개봉되었을 때 몇몇 사람들은 캐서린 헵번이 오드리 헵번과 연애하는 영화라고 설명했죠. 정말 그런 영화가 나왔으면 재미있었을 것도 같은데.

** 이 말은 히말라야 수녀원에서 미쳐가는 여자들을 그린 〈흑수선〉이 영국 영화였기 때문에 제작가능했다는 말이기도 합니다.

규약은 결혼 후 동침 묘사도 금했습니다. 베드신도 검열했는데, 부부일 경우라도 둘은 다른 침대를 써야 했습니다. 두 사람이 같은 침대에 있는 장면을 묘사하는 것도 불가능하지는 않았는데, 그럴 때는 여자가 발 하나를 바닥에 대고 있어야 했어요. 헤이즈 규약은 극중에서 백인이 노예가 되는 것을 금지했습니다. 다른 인종이 노예가 되는 건 별 신경을 쓰지 않았지만요. 헤이즈 규약은… 그래요. 이 규약은 나폴리탄 규칙 호러를 닮았습니다. 침대 장면에서 여자 배우가 몰래 발을 잠시 바닥에서 뗀다면 할리우드에선 무슨 일이 일어나는 걸까요.

보수적인 도덕 기준은 절대로 안전한 무언가가 아닙니다. 적어도 영화사에서는 그랬습니다. 이런 것들이 폭력, 섹스의 검열이나 언어 순화 정도에서 얌전히 멈춘 적은 단 한 번도 없었어요. 자신을 보수주의자라고 정체화한 이들 상당수는 자신이 따르는 도덕 규칙에 대해 어떤 질문도 할 생각이 없는 게으르고 잔인한 겁쟁이들이었고 늘 창작자에게 적극적인 윤리적 퇴행을 요구했습니다. 헤이즈 규약이 그리고 싶어하던 세계는 옛 종교의 기준이 임의적이고 편협하게 적용되는 성차별적이고 인종차별적이고 호모포빅한 백인들의 우주였습니다. 그리고 그들은 이 세상을 윤리와 도덕의 이름으로 그렸습니다.*

---

* 철의 장막 저편인 소련과 주변국 검열은 더 심했습니다. 언론 자유를 허용하지 않는 국가가 모든 창작물을 직접 검열했으니 나름 업계 내 자발적인 약속이었던 헤이즈 규약보다 더 끔찍했지요. 그런데 전 소련 시절 검열관들에게 일종의 변태적인 존경심 비슷한 걸 품고 있습니다. 전 아직도 왜 쇼스타코비치의 5번 교향곡은 혁명적인데 9번 교향곡은 반동적인지 모르겠거든요. 그 사람들은 알았나 봐요.

그 안에서도 창작자들은 가만 있지 않았습니다. 검열관들을 조롱하고 기만하고 우회로를 찾았지요. 헤이즈 규약은 〈현기증〉이 할리우드 역사상 가장 변태스러운 영화가 되는 걸 막지 못했습니다. 헤이즈 규약은 〈이유없는 반항〉의 플레이토가 게이가 되는 걸 막지도 못했습니다. 1950년대에 이르면 더 적극적인 창작자들의 저항이 뒤를 이었고 결국 헤이즈 규약은 역사의 패자가 되어 과거로 사라졌습니다. 저는 최대한 짧게 요약했지만 이는 장대한 투쟁의 역사입니다. 그리고 당시에 만들어진 수많은 영화가 투쟁 중에 입은 다양한 상흔과 교묘하게 숨긴 암호를 갖고 있습니다. 부지런한 후대 관객들은 역사속에서 이를 더 명확하게 읽을 수 있기에, 이들 영화의 내용은 당시 관객들이 보았던 것보다 더 풍부해집니다.

어떤 영화도 역사 바깥에서 존재할 수 없습니다. 모든 영화는 만들어진 그 시기에서 의미를 부여받으며 그 때문에 대체 불가능합니다. 우리가 검열의 역사를 읽어야 하는 이유도 여기에 있습니다. 심지어 가장 안전한 지대에 있는 것처럼 보이는 영화들도 여기에서 자유롭지 않기 때문입니다. 그리고 그런 영화들이 있기 때문에 이후에 나온 영화들이 또 다른 의미를 갖는 것이고요.

• 〈상하이의 딸〉

악명 높은 인간 밀수 조직의 협박을 받고 있던 샌프란시스코의 명망 높은 골동품상이 살해당합니다. 아버지와 같이 있다가 아슬아슬하게 살아남은 딸은 복수를 위해 진범을 찾아나섭니다. 우리의 주인공을 돕는 사람은 전부터 이 사건을 수사하고 있던 연방 요원입니다. 두 사람이 그 과정 중 사랑에 빠지는 건 당연한 순서겠지요.

그렇게까지 엄청난 이야기는 아닙니다. 제2차 세계 대전 전후로 공장 생산되듯 쏟아져 나온 수많은 저예산 B 영화 중 하나예요. 액션도 있고 추리도 있고 로맨스도 있고 뮤지컬 요소도 조금 있는데, 다 합치면 한 시간이 좀 넘습니다. 평균적인 B 영화 러닝타임이지만, 솔직히 너무 짧죠. 그래서 연방 요원인 남자 주인공이 여자 주인공에게 청혼할 때는 좀 생뚱맞다는 생각도 들어요. 이들은 서로에 대해 알 시간이 거의 없었으니까요.

하지만 1937년에 나온 〈상하이의 딸〉이라는 이 영화는 여러모로 할리우드 역사상 혁명적인 작품이었습니다. 제목에 첫 번째 힌트가 있습니다. 이 영화의 주인공은 샌프란시스코 출신의 중국계 미국인입니다. 이 자체는 아주 이상하지 않습니다. 1920년대와 30년대는 서구에 잠시 중국 유행이 불었던 때였습니다. 펄 벅의 『대지』가 베스트셀러였고 명탐정 찰리 챈이 주인공인 영화들이 유행했지요. 엘러리 퀸은 『중국 오렌지의 비밀』을 썼고요. 그리고 할리우드는 앞으로 전설이 될 중국계 스타를 이미 한 명 갖고 있었습니다. 이 영화에서 주인공 란잉을 연기한 안나 메이 웡요.

눈치 빠른 독자라면 여기서 여분의 캐스팅 정보를 추리할 수 있습니다. 1937년 할리우드에서 나온 영화에서는 다른 인종의 사람들이 부부로 맺어지는 것은 거의 불가능했습니다. 할리우드에서도 그랬지만 실제 미국의 많은 지역에서도 그랬어요. 그런데도 남자 주인공이 태연하게 여자 주인공에게 청

〈상하이의 딸〉(1937) 안나 메이 웡과 필립 안

혼을 한다면, 이 사람 역시 동양인이라는 뜻입니다.

　이 남자 이름은 킴 리입니다. 초반에 중국인이라는 소개가 나오는데, 저 같은 한국 관객들은 이를 믿지 않지요. 이 씨는 세계에서 가장 흔한 성 중 하나지만, 킴 리라는 이름을 갖고 있다면 한국인일 가능성이 높습니다. 당시엔 한국이 독립하기 전이니 일본인은 확실히 아닌 것 같은 이 남자가 중국인으로 오인되는 건 충분히 있을 수 있는 일이지요. 그리고 이 사람을 연기한 배우는 필립 안이었습니다. 도산 안창호의 아들이었고 최초의 한국계 미국인 무비 스타였지요.* 할리우드 명예의 거리에 가면 필립 안의 손바닥이 찍힌 별이 있습니다. 정보를 더 드린다면 두 배우는 고등학교 동창이었고 필립 안이 데뷔한 것도 안나 메이 웡을 통해서였습니다. 그러니까 〈상하이의 딸〉은 보통 백인 배우들에게 넘어갔던 주연 자리를 모두 아시아 배우가 차지한 희귀한 할리우드 영화였던 것입니다. 이 간단한 전환만으로도 영화는 놀라운 차별성을 얻습니다. 당시 묘사의 한계가 없는 건 아니지만 두 주인공은 모두 용감하고 수완 좋고 민첩합니다. 그리고 백인들과 있을 때 전혀 안 꿀려요. 특히 안나 메이 웡은 키가 크고 위엄이 있어서 주변 사람들이 인종 차별적인 시선을 보내면 가볍게 눌러 버립니다. 무엇보다 이들

---

* 필립 안 이전에도 한국계 배우가 없지는 않았던 것 같습니다. 분장한 백인 배우들에게 역을 강탈당하기 전 찰리 챈을 연기한 배우 중 한 명은 E. L. 박 또는 에드 박이었습니다. 단지 역은 크지 않았고 그게 유일한 출연작이었지요. 통역가로 일했고 중국계였던 아내와 두 딸이 모두 배우였던 모양인데, 한국계라고 해도 중국인 정체성이 강하지 않았을까 추측해 봅니다.

은 당시 동양인에 대한 편견에서 벗어나 있습니다. 요부도 아니고 악당도 아닙니다. 그리고 영어가 유창합니다. 당연하지요. 두 사람 모두 미국인이니까요. 영화를 보면 두 사람은 동양인의 정체성만큼이나 미국인의 정체성도 분명합니다. 무엇보다 이 영화에는 옐로 페이스, 그러니까 엉성하게 동양인으로 분장한 백인 배우가 안 나옵니다.*

〈상하이의 딸〉을 보다 보면 평행 우주가 상상이 됩니다. 더 많은 동양인 배우들이 자기만의 영화들을 가진 다른 할리우드 역사요. 이 영화를 만든 사람들, 특히 안나 메이 웡은 그런 미

---

* 옐로 페이스의 역사는 참 길고 기괴하지요. 눈두덩이를 메우고 동양인인 척하는 백인 배우들을 보는 건 괴로운 일입니다. 백인 배우들이 안나 메이 웡과 같은 진짜 동양인 배우가 맡아야 할 역할을 빼앗고 아카데미상까지 받는다면 더욱 그렇고요. 그 사람들에게 핑계가 있다면 영어를 잘하는 동양 배우를 찾기 힘들다는 것인데, 솔직히 캘리포니아에서 일하는 미국인들이 그런 말을 하면 양심이 없는 거죠. 하지만 유럽에선 조금 힘들긴 했을 거예요.
여기서 발레리 인키노프라는 배우의 독특한 경력을 이야기하지 않을 수 없군요. 이름만 들어도 아시겠지만, 러시아 배우예요. 소련에서 배우와 연출자로 활동하다 1930년 프랑스로 망명해서 죽을 때까지 배우로 활동했습니다. 1930년대엔 가장 활동이 활발했던 소련 출신 배우였어요. 이 사람은 주로 스테레오타입화된 신비한 동양인 역할을 주로 했어요. 그 이유는 사진을 보시면 알아요. 아버지가 부라트인이라서 동양인 얼굴을 갖고 있었거든요. 옛날 프랑스 영화에 프랑스어를 유창하게 구사하는 중국인이나 일본인이 나온다? 인키노프입니다. 문화적으로 유럽인인 이 배우가 자신이 연기한 캐릭터들에 대해 어떻게 생각했는지 궁금하긴 합니다.
전 이 배우를 쥘리앵 뒤비비에가 조르주 심농의 「타인의 목」을 각색한 동명 영화에서 처음 보았어요. 체코슬로바키아인 살인범인 라데크를 연기했지요. 전혀 체코슬로바키아 사람처럼 생기지 않았는데, 근처 동네 러시아 사람이라 그 역이 넘어간 것일까요? 하여간 연기는 좋았고 프랑스 관객들도 동양인 얼굴을 한 배우가 체코슬로바키아 사람을 연기하는 것에 별 신경을 쓰지 않았던 것 같습니다.
이 각주를 쓰다가 제인 오스틴 소설을 각색한 넷플릭스 영화 <설득>에 헨리 골딩이 윌리엄 엘리엇 역으로 캐스팅되었다는 소식을 접했습니다. 인키노프가 체코슬로바키아 사람을 연기했고 아무도 신경을 안 썼다면 말레이시아-영국 백인 혼혈인 골딩이 리전시 시절 영국인을 연기할 수도 있는 거겠지요. 아무도 골딩이 중국인을 연기할 때 뭐라고 안 했잖아요.

래를 꿈꾸었을 것이 분명합니다. 하지만 태평양 전쟁이 터졌고 그 뒤로 냉전이 이어졌지요. 전쟁은 이들에게 꾸준히 작은 기회를 주었지만, 1937년 이후 잠시 가능한 것처럼 보였던 그 대체 역사는 오지 않았습니다.

• "아버지예요? 아이 이제 들어왔는데 참 고와요."

제가 자주 내는 퀴즈입니다. 이 대사는 어느 영화에서 나왔을까요?

"아버지예요? 아이 이제 들어왔는데 참 고와요."

한국어입니다. 그것도 지금은 거의 쓰이지 않는 고풍스러운 한국어. 그렇다면 옛날 한국 영화일까요? 일제 강점기 영화일 수도 있겠군요. 하지만 이 대사엔 굳이 인용할 만한 대단한 의미가 없죠. 그렇다면 한국어라는 것 자체가 중요한 것일까요?

맞습니다. 이 대사는 H. 브루스 험버스턴이 감독한 1938년 영화 〈호놀룰루의 찰리 챈Charlie Chan in Honolulu〉에 나옵니다. 워너 올란드가 죽은 뒤 찰리 챈의 자리를 물려받은 시드니 톨러가 출연한 첫 영화였지요. 대사는 찰리 챈이 모든 사건을 해결한 끝부분, 그러니까 한 시간 3분경에 나옵니다. 퍼블릭 도메인 영화이니 유튜브에서 확인해 보세요. 중국어여야 할 그 대사를 굳이 한국어로 치는 사람은 누구일까요? 찰리 챈의 아들 윙푸로 나온 필립 안이었습니다. 당시 대부분 미국 사람들은 한국이라는 나라가 존재한다는 것 자체를 몰랐습니다. 이 동양인 배우가 어떤 언어로 말하는지 신경 쓴 사람이 몇이나 되었을까요?

다음 대사를 볼까요.

"사람의 젊은 생각은 자기가 죽이기 전에는 결코 죽지 않는 것이다."

이 어색한 한국어 대사는 윌리엄 웰먼의 1954년작 〈비상착륙The High and the Mighty〉에 나옵니다. 1958년에 〈진홍의 날개〉라는 제목으로 국내 개봉된 작품이지요. 존 웨인이 제2차 세계대전에 참전한 경험이 있는 파일럿으로 나오는 항공 재난 영화입니다. 〈에어포트〉 시리즈의 선례로 알려져 있지요.

옛날 한국 속담이라고 주장하는 이 대사는 한 시간 32분쯤에 나와요. 이를 읊는 사람은 도로시 첸이라는 승객입니다. 중국계 성을 갖고 있어서 처음 등장했을 때는 당연히 중국인인 줄 알았어요. 하지만 도로시 첸은 자신이 한국인이라고 소개합니다. 1950년대 초라면 이게 불가능하지는 않았을 거 같습니다. 전 당시 중국계 이름을 가졌으면서 한국인의 정체성을 가졌던 사람 이야기를 수십 개 정도 상상할 수 있습니다. 단지 이 영화의 각본을 쓴 사람들은 여기에 대해 별 고민이 없었겠지요. 원래 각본에서는 중국인이었던 캐릭터를 아무 수정 없이 그냥 한국인으로 바꾼 것 같습니다. 그리고 그 이유는 이 캐릭터를 연기한 배우 때문인 것 같아요. 이 배우 이름은 조이 킴입니다. 한국어가 아주 능숙하다는 생각은 들지 않는데, 그렇다고 가짜는 아닌 것 같습니다. 1950년대에 한국계 배우가 할리우드에서 경력을 막 시작하고 있었던 것이지요. 그 경력은 이 영화를 포함해서 단 두 편으로 끝나 버렸지만.

〈비상착륙〉은 그렇게까지 좋은 영화는 아니지만, 영화 속 도로시 첸을 보는 건 좀 안심되는 경험입니다. 동양 여자에 대한 서양 사람들의 선입견이 분명 있습니다. 하지만 도로시는 생각이 깊고 품위 있는 사람입니다. 승객들과 승무원들도 이 동양인 여자에게 친절하고 낮추어 보지도 않습니다. 그리고 무엇보다 비중이 꽤 돼요. 여러 승객이 공평하게 작은 자리를 차지하는 〈그랜드 호텔〉 영화거든요.

다음 대사는 유명합니다.

"한국말로 무조건 말하라니 한심하군. 우리 한국 사람이 들으면 정신 나갔다고 말할 게 아니야. 아무튼 하라니 할 수밖엔. 결과는 어떻든 간에 말이야. 이런, 미국에서 영화 생활하려니 한심하군 그래. 한심한, 저, 처지가 한두 번이 아니야. 아무튼 한국 팬들에겐 실례가 되겠습니다. 한국말로 무조건 말하라니 한심하군. 아무튼 하라니 할 수밖에. 결과는 어떻든 간에 말이야."

유명하다고 하지만 오로지 한국에서만 유명하지요. 이 한국어 대사를 못 알아듣는 미국인들은 뒤에 나오는 "저놈을 디트로이트로 보내라Take him to Detroit!"라는 영어 대사만을 기억합니다.

이 대사는 존 랜디스의 1977년작 〈켄터키 프라이드 무비

The Kentucky Fried Movie〉에 나옵니다. 주로 장르 패러디인 짤막한 콩트들을 묶은 코미디 영화인데, 그중 가장 긴 〈A Fistful of Yen〉 챕터에 이 한국어 대사가 숨어 있지요. 이 대사를 읊은 악역 배우는 미국 합기도의 아버지로 여겨지는 한봉수 사범입니다. 할리우드에서 수많은 제자들을 길러냈고 가끔 배우로도 출연했지요. 존 랜디스는 〈용쟁호투Enter the Dragon, 龍爭虎鬪〉의 패러디인 이 챕터에서 동양 분위기를 내기 위해 미국 사람들은 못 알아듣는 동양어 대사를 요구했고 위 대사는 그 결과인 것이죠.

이 글을 쓰는 동안 〈미나리〉가 골든 글로브 외국어 영화상을 받았다는 뉴스가 날아왔습니다. 규정이 어떻건, 미국에서 미국인이 가장 미국적인 주제의 이야기를 가장 미국적인 스타일로 담아낸 영화가 외국어 영화상 후보에 올랐다는 사실은 이전부터 논란이 되었지요. 하지만 그와 별도로 이 미국적인 미국 영화의 대사 대부분이 한국어라는 건 여전히 놀랍습니다. 필립 안이 한국어 대사 몇 마디를 몰래 밀수해 들여온 뒤로 세상이 그렇게 바뀌었던 거예요.

이 정도면 잠시 국뽕을 즐겨도 될 것 같습니다. 하지만 그러고 싶지 않아요. 이 영화의 국내 수입사가 인스타 계정들에 나누어준 홍보 기준이 제 눈앞에 딱 버티고 있기 때문입니다. 여기서 지양 사항이라고 적힌 것 중 일부를 읽어 볼까요. "'이민자' 혹은 '이주민' 등 해당 워딩의 뉘앙스를 풍기는 단어 일체 사용 지양 부탁드립니다. '한국인 가족'이라는 단어를 지양하고, '한국 가족'이라는 포용적인 단어 사용 부탁드립니다."

이 사람들은 이민자와 이주민이라는 주제가 한국에서 흥행에 방해가 될 것이라고 진지하게 믿고 있는 것입니다. 그건 이 대한민국이라는 나라가 점점 우리와 같이 살고 있는 여러 사람에게 배타적이고 차별적인 나라가 되어가고 있으며 수많은 사람이 이를 굳이 감출 생각도 없고 여기에 대해 어떤 자기 반성도 할 생각이 없다는 걸 의미합니다. 이런 상황에서 우리가 한국어와 한국인 미국 이민사의 가시화를 진지하게 즐길 수 있을까요.

아니, 불가능합니다.

• 안경을 쓰지 않고도 볼 수 있는 현대 기적

헨리 코스터 감독의 1953년 대작 〈성의The Robe〉의 포스터를 보면 눈에 뜨이는 문구가 들어옵니다. "안경을 쓰지 않고도 볼 수 있는 현대 기적The Modern Miracle You See Without Glasses". 이건 도대체 무엇을 의미할까요?

시네마스코프요. 〈성의〉는 최초의 시네마스코프 영화입니다. 이는 와이드스크린 영화가 3D 영화보다 나중에 나왔다는 뜻이죠. 많이들 이 순서가 반대라고 생각합니다. 심지어 〈아바타〉 이전엔 3D 기술이 없었다고 생각하는 사람들도 있지요. 그럴 때마다 전 이 포스터와 문구를 꺼내요. 많은 사람이 진짜라고 상상하는 역사는 실제 역사와 많은 차이가 있습니다.

3D와 와이드스크린의 역사가 이보다는 복잡하다고 지적할 수는 있습니다. 3D와 와이드스크린의 시도는 1950년대 이전부터 꾸준히 있었지요. 하지만 그렇게 계산해도 늘 3D의 역사가 와이드스크린 영화보다 앞섰습니다. 위에서 언급된 포스터 문구도 이를 반영하고 있지요.

1950년대는 할리우드가 온갖 종류의 포맷을 시도하던 시기였습니다. 뒤에서는 다른 현대의 기적인 텔레비전이 쫓아오고 있었으니 오로지 극장에서만 가능한 경험을 제공해 주어야 할 의무가 있었습니다. 3D, 와이드스크린은 모두 그 시도였습니다. 이보다는 일렀지만 컬러 영화도요. 그리고 1953년이면, 사람들은 3D 안경의 불편함과 현기증에 슬슬 지쳐가기 시작할 때였습니다. 와이드스크린 영화가 3D에 대한 우위를 증명하기 딱 좋은 타이밍이었어요. 그리고 그 대결의 승자는 와이드스크린이었습니다.

3D 영화의 유행은 21세기 초에 다시 찾아왔습니다. 사람들은 새로운 시대가 온 것처럼 호들갑을 떨었습니다. 전 그걸 보면서 많이 당황했습니다. 이 영화들은 여전히 안경을 쓰고 보아야 하는 스테레오스코피였습니다. 기술적으로 다른 게 별로 없었어요. 어떤 사람들은 옛날 3D 영화는 모두 빨강, 파랑 안경을 써야 하는 아나글리프였다고 생각하는데, 아니었어요. 아나글리프는 그냥 편리하고 값싼 3D 기술 중 하나였습니다. 1950년대에 극장에서 〈다이얼 M을 돌려라〉, 〈밀랍인형의 집〉, 〈키스 미 케이트〉를 3D로 보았던 사람들의 경험은 2000년대에 〈아바타〉와 〈휴고〉를 3D로 본 사람들의 경험과 크게 다르지 않았습니다. 그러니 역사를 아는 사람들은 이 유행이 곧 시들 거라는 것을 예측할 수 있었지요. 심지어 유행의 수명도 맞힐 수 있었습니다. 하지만 할리우드 사람들과 텔레비전 제조 회사 사람들은 마치 과거의 역사가 없었던 것처럼 굴었어요. 이들이 정말 아무것도 몰랐는지, 알고 있는데도 이 유행에 휩

쏠릴 수밖에 없었던 상황이었는지는 저도 잘 모르겠습니다.

다시 와이드스크린 이야기로 돌아가죠. 1950년대와 60년대 사람들에게 와이드스크린은 어마어마한 체험이었습니다. 그들 중 일부는 지금도 재현하기 힘들어요. 〈서부개척사How The West Was Won〉는 2.89:1 비율의 커브형 대형 스크린에 시네라마 프로젝터 세 개로 영화를 틀었는데, 그 경험이 어땠는지는 상상만 할 수 있을 뿐입니다. 얼마 전에 나온 블루레이는 그 경험을 어설프게나마 재현하기 위해 일부러 화면을 뒤튼 버전을 수록하기도 했지만 그걸 진짜 경험과 비교할 수는 없지요.

〈서부개척사〉처럼 극단적이지 않아도, 당시 와이드스크린 영화에는 어떤 특별함이 있습니다. 새로 나온 화면 비율을 특별히 여기며 이를 창의적으로 쓰려는 다양한 시도가 있었어요. 이들 중 일부는 지금 보면 이상하거나 기괴하게 보입니다. 어떤 때는 너무 과시적이고요. 하지만 그런 시대에 떨어진 것들에도 그 시대만의 신선함이 있습니다. 그 사람들은 전엔 없었던 놀라운 걸 만들고 있었어요.

그 시대는 갔습니다. 와이드스크린 영화가 만들어지지 않는다는 말은 당연히 아니에요. 반대로 지금은 거의 모든 주류 영화가 시네마스코프 비율로 만들어져요. 요샌 웬만한 국내 미니시리즈도 1.85:1에서 2.39:1 사이를 오가고 있지요. 이 비율은 평범해졌습니다.

구현 방식도 특별한 매력을 잃었습니다. 요새 대부분 한국 관객들은 1.85:1 화면 비율의 상영관에서 와이드스크린 영화를 보지요. 대부분 멀티플렉스 상영관에서는 마스킹을 해 주지 않기 때문에 화면은 흐릿한 레터박스가 발하는 회색 빛 때문에 뿌옇죠. 마스킹을 해 주면 다행이지만 화면은 줄어듭니다. 상영 전 광고가 본편 영화보다 큰 화면으로 상영되는 것이 비정상이라는 생각을 안 해 보셨나요? 와이드스크린 화면의 존재 이유는 더 큰 화면이 아니었나요? 텔레비전은 좀 낫습니다. 웬만한 최신 텔레비전은 영화관보다 훨씬 좋은 블랙을 보여 주니까요. 〈그랜드 부다페스트 호텔〉처럼 가변 화면비의 영화의 블루레이를 텔레비전으로 확인해 보세요. 이론상 영화관보다 훨씬 좋은 감상이 가능합니다. 그래도 와이드스크린 비율을 볼 때 화면이 줄어든다는 사실 자체는 바뀌지 않지만요. 텔레비전이 4:3 비율이던 때보다 덜 눈에 뜨일 뿐입니다.

그러다 보니 와이드스크린 화면은 어느 순간부터 넓은 화면이 아니라 좁고 가는 화면이 되었습니다. 이걸 보여 주는 대표적인 사례가 아이맥스 버전이지요.* 크리스토퍼 놀런은 〈다크 나이트〉, 〈인터스텔라〉, 〈덩케르크〉 같은 영화에서 2.39:1이나 2.20:1 화면의 위아래로 늘려 1.43:1로 만듭니다. 우리나라에

* 예전엔 반대였습니다. 〈갤럭시 퀘스트〉, 〈호스 휘스퍼러〉 같은 영화들은 처음엔 1.85:1로 시작했다가 모험이 시작되면 와이드스크린으로 '넓어지지요.' 최근에도 이런 영화가 한 편 나오긴 했습니다. 조바른의 〈불어라 검풍아〉요. 하지만 와이드스크린에 대한 아무런 배려가 없는 상영관에서 이 영화의 1.85:1 화면은 사방의 블랙바에 둘러싸이게 되지요. 이게 정말 블랙이라면 괜찮겠지만 사실은 대부분 흐릿한 회색이니….

서는 CGV 용산 아이맥스에서만 볼 수 있는 스펙터클이지요. 〈1917〉나 〈스카이폴〉, 〈타이타닉〉 같은 영화는 야심이 조금 적어서 아이맥스 버전 비율은 1.9:1 또는 1.85:1입니다. 전 좀 어이가 없습니다. 이 비율은 평범한 상영관에서도 아무 무리없이 틀 수 있기 때문이죠. 그렇다고 영화가 그 비율에서 더 좋아지나? 1.43:1의 아이맥스 화면은 관객들의 시야 거의 전체를 차지하는 압도적인 그림을 보여 주지만 이 비율은 그 정도까지는 아니에요. 그리고 전 저 세 영화를 모두 두 비율로 보았는데, 모두 와이드스크린 버전이 더 좋습니다.

솔직히 요새 만들어지는 와이드스크린 영화 상당수는 왜 그 화면비를 쓰는지 모르겠습니다. 그냥 영화라는 걸 티내기 위해서인 거 같아요. 하지만 그 평범화의 과정 속에서도 훌륭한 와이드스크린 영화는 만들어지고 있습니다. 여러분이 이 비율을 존중해 주는 양심적인 상영관에서 그 작품들을 볼 수 있다면 정말 훌륭한 영화적 체험을 할 수 있을 거예요. 그래도 이 비율의 진정한 아름다움을 느끼려면 시네마스코프가 거대함과 장엄함을 의미했던 시기의 영화들로 돌아가 과거의 거장들이 거기서 무엇을 보고 우리에게 보여 주려 했는지 돌이켜볼 필요가 있습니다. 지금 당장은 〈공포의 대저택The Innocents 〉(1961), 〈롤라 몬테스Lola Montes〉(1955), 디즈니 버전의 〈잠자는 숲속의 미녀Sleeping Beauty 〉(1959), 〈이유없는 반항Rebel Without a Cause〉(1955), 〈실물보다 큰Bigger Than Life〉(1957), 〈마의 계단〉(1964) 같은 영화들이 떠오르는데, 이 리스트는 약간의 검색을 통해 얼마든지 길어질 수 있습니다. 중요한 건 개별 작품의 특별함이 아니라… 아니, 제가 지금 무슨 소리를 하고 있죠? 이 영화들의 특별함은 당연히 중요합니다. 하지만 최대한 다양한 시대의 다양한 시도를 접하면서 경험을 쌓는 것은 그 이상으로 중요해요. 이 단계를 넘어선다면 여러분은 새로운 눈으로 이 익숙한 화면 비율의 영화들을 다시 보실 수 있을 거예요.

• 지그재그 발전

넷플릭스로 〈스타트렉〉 전 시리즈를 정주행하는 시청자들은 중간에 이상한 현상을 체험하게 됩니다. 영화 수준의 화질을 선사해주던 〈스타트렉〉 오리지널 시리즈와 〈스타트렉: 다음 세대〉 뒤에 이어지는 〈딥 스페이스 나인〉과 〈보이저〉의 화질이 영 별로예요. 왜 이후의 작품이 이전 작품보다 화질이 떨어지는 것일까요?

답은 후반 작업에 있습니다. 1980년대 중엽, 미국 방송국에서는 제작비와 시간을 줄일 수 있는 꼼수를 발견했습니다. 그전까지 소프 오페라를 제외한 대부분의 드라마는 필름으로 찍고 필름으로 편집한 뒤에 테이프로 옮겼습니다. 하지만 필름을 테이프로 옮긴 뒤에 편집을 하면 작업이 훨씬 빨라지고 단순해질 수 있었어요. 어차피 당시 시청자들은 SD 화질만을 간신히 보여 주는 배불뚝 브라운관 텔레비전으로 드라마를 보았습니다. 큰 화질 차이는 느껴지지 않았어요.

하지만 HD 텔레비전 시대가 오자 사정이 달라졌습니다. 1980년대 중반부터 1990년대 후반에 이르는 시기의 미국 드라마들의 초라한 화질이 폭로되었던 것이지요. 1960년대와 70

년대에 제작된 미국 드라마들, 그러니까 〈미션 임파서블〉, 〈원더우먼〉 같은 드라마를 요새 보면 정말 화질이 어제 나온 것처럼 쩅쩅합니다. 하지만 1980~90년대의 후배들은 아아….

〈스타트렉: 다음 세대〉도 그 시대 작품 아니냐고요? 맞아요. 하지만 이 작품은 원본 필름을 다시 스캔해서 새로 편집 작업을 했어요. 하지만 그 시리즈만큼 인기가 있는 편은 아니었던 〈딥 스페이스 나인〉과 〈보이저〉의 경우는 그런 사치를 누릴 여유가 없었어요. 결국 8, 90년대 구질구질 화질의 늪에 빠질 수밖에 없었지요.

여기서 교훈은 무엇일까요? 편법은 수명이 짧다는 것이죠. 월트 디즈니는 텔레비전의 초창기에 이미 그 사실을 알고 있었던 사람이었습니다. 컬러 텔레비전이 존재하지도 않았던 1950년대에, 디즈니사에서는 〈데이비 크로켓〉 미니시리즈를 컬러 필름으로 찍었어요. 나중에 묶어서 극장에서 상영하기도 했지만 중요한 건 디즈니가 컬러 텔레비전, 그리고 아마도 HD 텔레비전의 시대를 미리 대비하고 있었다는 것입니다. 그 결과 우린 지금도 〈데이비 크로켓〉 시리즈를 환상적인 컬러 HD 영상으로 볼 수 있습니다. 단지 그때 관객들만큼 재미를 느끼지 못할 뿐입니다. 아무래도 알라모의 영웅은 이전만큼 매력적인 존재가 아니니까요.

80~90년대 미국 텔레비전 드라마의 화질 저하는 그 어느 것도 일정한 각도의 직선으로 발전하지 않는다는 사실을 보여

주는 여러 사례 중 하나입니다. 영화 화질도 마찬가지예요. 여기엔 논란의 여지가 있지요. 크리스토퍼 놀런 같은 사람들은 필름에서 디지털로 넘어가는 지금의 진행 방향이 퇴보라고 주장하지만, 여러분은 이에 동의하지 않을 테니까요. 하지만 필름만의 장점은 분명 존재하고 미래의 복원가 중 일부는 21세기 초 영화가 그 장점을 잃은 걸 아쉬워할 거라고 생각합니다. 모든 게 한 방향의 발전만일 수는 없어요.

눈에 확 뜨이는 화질의 퇴보 과정도 있습니다. 테크니스코프가 그 예 중 하나입니다. "네 개의 퍼포레이션을 차지하는 필름의 한 프레임을 둘로 나눠 두 개의 퍼포레이션에 한 프레임을 촬영하는" 기술이죠. 기술 자체보다는 운영 방식에 문제가 있었다고 지적되기도 하지만요. 게다가 요새 한국에선 관련 장비가 없어져서 디지털 복원을 하지 않으면 이들 대부분은 볼 수도 없지요. 하여간 70년대 이후 와이드스크린 기술은 고해상도의 큰 그림을 보여 준다는 원래의 목표를 배반하는 경우가 많았습니다.[*]

이와 관련된 우스꽝스러운 사례가 있습니다. 〈아폴로 11〉 다큐멘터리가 개봉되었을 때 어떤 덜떨어진 사람들은 화질이 지나치게 좋다면서 이 모든 게 조작되었다는 음모론을 제기했습니다. 이들은 당시 70밀리와 35밀리 필름의 해상도가 얼마나

---

* 오승욱, "잊혀진 매체, 테크니스코프의 비극", 「한국영화데이터베이스」, 2009.03.10, https://www.kmdb.or.kr/story/124/2840

좋을 수 있는지 감이 안 오는 사람들이었어요. 그러니까 제대로 된 음모론을 만들기 위해서라도 기초적인 역사는 아는 게 좋습니다. 그냥 기계적인 발전처럼 보이는 화질도 보기만큼 단순한 대상이 아니고, 여전히 어떤 옛날 영화들은 지금의 기술로 재현할 수 없는 압도적인 경험을 제공합니다. 여러분이 과거로 가야 할 이유 중 하나입니다.

• 옛날 시각효과

이 챕터는 2020년 4월, 「씨네21」 2151호를 위해 인터뷰를 한 손모 학생에게 바칩니다. 당시 「씨네21」에서는 25주년 창간 특집 시리즈의 일환으로 대한민국 10대 관객의 관심사와 영화 취향을 분석하고 탐구하는 특집기사를 냈었습니다. 그중에는 몇몇 10대 관객들의 인터뷰도 수록되어 있었는데, 당시 열세 살이었던 손모 학생도 당시 참여한 사람 중 한 명이었죠. 인터뷰 자체에 대해서는 사실 전 별생각이 없습니다. 의견을 낼 입장도 아니고. 하지만 끝에 붙은 불평이 제 시선을 끌었어요. 여기에 대해 대답하면서 이번 챕터를 채우면 좋을 거란 생각이 들었습니다.

전체 문장은 다음과 같아요.

Q. 왠지 손이 안 가는 영화들도 있을까요.

A. 흑백 영화요. 엄마가 〈동주〉(2015)를 보여 줬는데, 절반은 졸았던 거 같아요. 며칠 전에 엄마가 〈포레스트 검프〉(1994)를 보여 줬는데 그것도 10분 정도 보다가 껐어요. 깃털이 날아오르는 게 너무 가짜 같더라고요. 어떻게 깃털이 하얗기만 할 수가 있죠? 갈색이 섞여

있다거나 해야죠. 또 빛을 똑같이 받을 리가 없잖아요. 〈E.T.〉(1982)도 너무 이상했어요. 드라마 〈사랑의 불시착〉도 CG가 엉망이에요. 볼 때마다 'CG가 왜 이럴까' 생각했어요.

우선 흑백 영화 이야기. 흑백 영화에 대한 학생의 취향은 한 세대를 대표하는 게 아니라 그냥 개인적입니다. 옛날 사람들이 특별히 흑백 영화를 좋아하지는 않았어요. 그들에겐 그냥 선택의 여지가 없었습니다. 한동안 흑백 영화밖에 없었으니까요. 그리고 컬러 영화가 당연한 것이 되자 흑백 영화는 급속도로 멸종의 길을 걸었습니다. 1980년대에 들어서자 몇몇 사람들은 컴퓨터를 이용해 옛날 흑백 영화를 끔찍한 컬러로 칠하기 시작했고 1990년대엔 영화용 흑백 필름 자체를 구할 수 없는 단계까지 갔습니다. 그래서 존 부어맨의 〈제너럴〉(1998) 같은 영화는 컬러 필름으로 찍어 흑백으로 인화를 해야 했지요. 그래서 그 영화는 컬러와 흑백 두 버전이 있어요.

흑백 영화에 대한 취향은 최근 들어 다시 살아났습니다. 우선 다양한 영화적 어휘에 익숙한 세대가 등장했습니다. 흑백은 이들에게 그냥 존재하는 여러 선택지 중 하나가 되었습니다. 이 글을 쓰는 지금도 극장에 가 보면 〈동주〉를 감독한 이준익 감독의 신작인 〈자산어보〉, 데이비드 핀처의 〈맹크〉와 같은 흑백 영화들이 걸려 있습니다. 남다은 평론가 같은 이들은 미학적 효과도 없고 서사적 맥락도 없는데 왜 이렇게 흑백

영화들이 많이 영화제에 출품되는가에 대해 의문을 제기하기
도 했어요. (여기에 대한 제 답은 컬러 영화가 디폴트가 되어야 할 이유
는 어디에도 없다는 것입니다.*)

이준익은 영화예술의 순수성에 집착하는 부류가 아닌 그냥
실용적인 이야기꾼입니다. 그런 사람이 흑백영화를 두 편이나
만들었고 이들의 흥행 성과가 좋았다면 흑백 영화를 당연시하
는 대중이 존재한다는 것이지요. 몇 십 년 전까지만 해도 상상
도 할 수 없었던 일입니다. 이들은 새로운 세대입니다.

디지털 시대가 되어 흑백을 선택하기 쉬워졌다는 것도 이유
중 하나입니다. 흑백 필름 유무는 더 이상 중요하지 않지요.
컬러로 찍어 작업하다가 후반 작업 중 흑백으로 만드는 경우
도 많아졌습니다. 〈매드맥스: 분노의 도로〉, 〈기생충〉 같은 영
화는 흥행 성공 이후 흑백 버전을 따로 상영하기도 했습니다.
〈친절한 금자씨〉는 컬러로 시작했다가 점점 채도가 빠져 흑백
이 되는 버전도 있지요.

흑백 영화의 부활이 주는 교훈은 무엇일까요. 그건 영화는
무성 영화에서 유성 영화로, 흑백에서 컬러로 '발전'하지 않는
다는 것입니다. 단지 선택의 여지가 늘어날 뿐이지요.

이제 〈포레스트 검프〉의 깃털 이야기를 해 볼게요. 여기서
전 좀 어리둥절했습니다. 〈포레스트 검프〉는 제가 좋아하는

---

* 남다은, "흑백영화의 명암", 「한국영화데이터베이스」, 2020. 10. 20.
https://www.kmdb.or.kr/story/237/5471

영화가 아닙니다. 두 번 정도밖에 안 봤을 거예요. 하지만 전 그 영화에 나오는 깃털에 대해서는 잘 압니다. 픽사의 고무공이나 〈피라미드의 공포〉의 스테인드글라스 기사처럼 영화사상 중요하기 짝이 없는 CG 오브젝트 중 하나니까요. 그 깃털은 순수한 흰색이 아닙니다. 아랫부분을 보면 갈색 줄무늬가 있습니다. 제가 보기엔 조명 효과가 그렇게 단순한 것 같지도 않아요. 깃털이 나오는 부분만 유튜브에 있으니 이는 언제든 확인해 보실 수 있어요.

왜 이렇게 생각했을까. 첫째, 시각 효과의 사실성에 대한 학생의 기준이 굉장히 높았을 수도 있습니다. 둘째, 당시 영화가 나왔던 텔레비전이나 모니터의 세팅이 나빴을 수도 있습니다. 셋째, 옛날 영화이기 때문에 별생각 없이 CG가 나빴다고 여겼을 수도 있습니다. 세 개가 모두 섞였을 수도 있지요.

〈E.T.〉에 대한 지적은 제 향수를 자극합니다. 저는 이 영화를 극장에서 본 세대입니다. 지금은 사라진 광화문 국제극장에서 보았어요. 이는 제가 할리우드가 한동안 끊긴 것이나 다름없었던 시각 효과의 기술을 다시 쌓아올리기 시작할 무렵에 어린 시절을 보냈다는 뜻입니다.

전 당시 이 영화들의 특수 효과에 열광하면서도 불만이었습니다. 지금까지 본 적 없던 스펙터클을 보여 주었기 때문에 열광했고, 그 결과물이 제 기대에 못 미쳤기 때문에 불만이었지요. 가장 신경을 긁었던 건 블루 스크린 합성 때 생기는 검은 띠였습니다. 당시엔 컴퓨터를 쓰지 않았기 때문에 이게 잘 지워지지 않고 남았어요. 모션 컨트롤 카메라가 아주 유용하게 쓰이긴 했지만 (70년대 영화 관련 신문 기사에서 '이 영화에서는 컴퓨터를 몇 장면에서 썼다'라는 내용이 나오면 그건 모션 컨트롤 카메라 이야기입니다) 여전히 갑갑한 영화들이 있었습니다. 〈네버엔딩 스토리〉를 볼 때마다 전 왜 주인공이 용을 타고 하늘을 나는 동안에도 카메라가 용의 머리 앞에 고정되어 있는지 궁금할 때가 있어요.

당시 영화 만들던 사람들도 그 기술의 한계에 불만이었습니다. 〈스타워즈〉 시리즈의 시각 효과를 끝도 없이 뜯어고치고 있는 조지 루카스는 늘 놀림의 대상이지만 오리지널 영화를 보고 있으면 왜 루카스가 그렇게 불만이었는지 알 수 있습니다. CG는 이런 불만족을 해소시킬 수 있는 엄청난 발명품이었습니다. CG가 등장하면서 사람들은 자신이 상상했던 모든 것들을 화면에 띄울 힘을 얻게 되었습니다. 그리고 이와 함께 영화는 전에는 상상도 할 수 없었던 사실성의 세계로 옮겨가고 있고 사람들의 사실성에 대한 기준도 올라갔습니다. 이건 발전입니다.

하지만 불가능한 상황의 사실적 묘사는 CG을 포함한 시각 효과가 영화를 통해 줄 수 있는 유일한 즐거움이 아닙니다. 여기에만 집착하다가는 우린 다른 것들을 놓치게 됩니다 시각 효과는 오직 기술로만 존재하지 않습니다. 그 자체가 예술이고 오로지 사실성을 통해서만 평가받아서는 안 됩니다.

자, 지금부터 전 왜 옛날 영화의 시각 효과를 미숙한 옛 기술로 만든 열등한 산물로만 봐서는 안 되는지 설명하겠습니다. 여러분이 설득될지는 모르겠지만요.

하나, 어떤 시각 효과는 이미 완성형입니다.

스필버그와 함께 영화의 특수 효과가 시작되었다고 믿는 사람들, 시각 효과엔 오로지 CG만이 존재한다고 믿는 사람들이 있다는 건 아는데, 시각 효과의 역사는 훨씬 오래되었습니다. 최초의 SF 영화인 조르주 멜리에스의 〈달세계 여행〉(1902)부터가 온갖 종류의 시각 효과의 보고지요. 그리고 무성 영화 시대는 시각 효과 발전에서 엄청나게 중요한 시기였습니다. 지금도 사용되는 온갖 종류의 시각 효과들이 이 시기에 나왔어요. 그리고 여러분은 그 영화를 보면서 그 트릭을 눈치채지 못합니다.

그중 일부는 단순하기 짝이 없습니다. 제가 좋아하는 강제 원근법이 대표적인 예입니다. 카메라의 위치와 소품 등을 이용해 원근법의 환상을 만들어 내는 것이지요. 멀리 떨어져 있는 친구의 머리를 두 손가락으로 잡고 있는 사진을 찍은 적 있다면 여러분은 이 테크닉을 쓴 적이 있습니다.

단지 영화 전문가들은 이를 훨씬 세련되게 다루고 있지요. 무르나우의 〈마지막 웃음Der Letzte Mann〉의 도입부에는 주인공인 도어맨이 일하는 아틀란틱 호텔의 정문을 통해 보이는 압도적인 도시 풍경이 나옵니다. 저 멀리에는 고층건물이 있고 그 뒤로는 수많은 자동차와 군중이 지나가지요. 구성과 음악적 아름다움이 너무 좋아서 정신없이 보게 되는 장면입니다. 그런데 이 장면에서 앞에 있는 건 아이들이 운전하는 작은 자동차들이고 뒤에 있는 건 트랙을 따라 움직이고 있는 작은 나무판이에요. 이런 식으로 이들은 스튜디오의 공간 한계를 극복했어요. 그리고 이 트릭은 지금도 아무런 변형 없이 쓰이고 있습니다. 〈반지의 제왕〉에서 호빗족과 사람들의 크기 차이를 조작하기 위해 피터 잭슨은 무성 영화 당시부터 쓰였던 이 트릭을 가져왔습니다. 다시 말해 처음부터 거의 완성되어 있어서 수정할 필요가 없는 기술이었어요.

수많은 옛날 영화들이 이런 트릭으로 채워져 있고, 처음부터 주의 깊게 보지 않는 한 관객들 상당수가 이를 눈치채지 못합니다. 그걸 발견하는 재미가 상당하지요. 특히 매트 페인팅은요. 옛날 영화에서 드라마틱한 구름이 나오면 주의해 보세요. 그림입니다. 대저택 내부에서 천장이 보인다면 주의해 보세요. 역시 그림입니다. 사운드 스테이지의 세트에는 천장이 없기 때문이지요. 오리지널 〈스타워즈〉 3부작에 나오는 우주선과 스톰트루퍼들 상당수는 그림입니다. 이들을 확대해 보면 재미있습니다. 의외로 대충 그렸거든요. 하지만 페르미에르가 대범한 터치로 그린 〈진주 귀걸이 소녀〉의 진주 귀걸이가 사실적인 것처럼 인식되듯, 관객들은 그림 스톰트루퍼에 속아 넘어갑니다.

둘, 나중에 나온 특수 효과가 언제나 좋은 건 아닙니다.

앞에서도 말했지만, 기술은 직선으로 발전하지 않습니다. 특정 시기에 관심과 지원을 잃으면 그 기술은 퇴보해요. 새로운 기술을 받아들이면 거기에 적응하는 시간이 또 필요하고요. 그리고 누가 그 효과의 책임자인가도 여기에서 중요한 의미를 가집니다.

제가 이 이야기를 할 때 가장 많이 드는 예가 〈2010: 스페이스 오디세이〉입니다. 전설적인 스탠리 큐브릭의 걸작 〈2001: 스페이스 오디세이〉의 속편이지요. 이 영화는 1984년에 나왔습니다. 전편이 1968년에 나왔으니 그동안 엄청난 기술적 진보가 있었을 거 같죠? 그런데 아니에요. 이 영화의 특수 효과는 정말 모든 면에서 〈2001〉보다 못합니다. 말이 나왔으니 하는 말인데 〈2001〉의 시각 효과는 8, 90년대에 나온 대부분의 영화보다 낫습니다.

왜 이렇게 됐을까. 일단 큐브릭이라는 완벽주의자가 〈2001〉의 키를 잡고 있었습니다. 일급 과학자들의 도움을 받아 물리 법칙도 가능한 한 그럴싸하게 묘사해 어색함을 줄였지요. 무엇보다 비교적 정적인 영화라 기술적으로 무리할 부분이 많지 않았습니다. 디스커버리 호가 다른 영화에서 뛰어든 타이 전투기와 전투를 해야 했다면 결과물이 달랐을지도 모르죠.

〈2010〉은 완전히 반대였습니다. 당시엔 거친 결과물이 나올 수밖에 없는 수준의 기술로 시각 효과를 만들었지요. 위에서 언급한 블루 스크린 검은 띠가 끝도 없이 나오고 우주선과 배경이 따로 노는 그런 그림이었어요. 물리법칙의 표현과 우주선의 디자인도 전편에 비하면 대충이었고요. 이 영화의 우주선 내부는 우주선이 아닌 그냥 지구의 건물 안처럼 보입니다. 두 영화를 비교해 보면 재미있는 게 〈2010〉의 우주선 내 장비가 〈2001〉보다 퇴보한 것처럼 보입니다. 〈2001〉의 승무원들은 지금의 아이패드와 거의 같은 모양의 고해상도 태블릿 기기를 쓰는데, 〈2010〉에서는 모니터가 동글동글한 브라운관이에요. 그건 1980년대엔 브라운관의 화면을 그대로 보여 주는 게 쿨한 표현이었기 때문입니다. 한마디로 지금 이 영화의 시각 효과가 촌스러워 보이는 이유는 당시의 시류를 따르려 했기 때문입니다. 대신 큐브릭은 원래부터 고해상도인 필름 프로젝션을 이용해 미래의 고해상도 모니터를 구현했고 지금 그건 그냥 사실적으로 보이지요.

막 나온 기술을 도입하는 건 늘 위험합니다. 디데이를 그린 1962년작 〈지상 최대의 작전〉은 아카데미 시각 효과상 수상작인데, 지금 보면 엄청나게 어색합니다. 당시엔 새로운 기술이었던 블루 스크린 합성을 여기저기 했는데, 그 합성이 너무 나빠서 툭하면 앞에 있는 사람을 뒤의 배경이 잡아먹어요. 이전처럼 리어 프로젝션을 썼다면 뒤가 좀 흐릿하고 납작해 보였을 수 있어도 지금처럼 나쁘지는 않았을 겁니다. 지금 보았을 때 〈타이타닉〉에서 가장 가짜 같아 보이는 부분은 컴퓨터 그래픽이 들어간 부분입니다. 특히 디지털 스턴트 더블이 나오는 장면이요. 하지만 수많은 재래식 시각 효과들은 여전히 유효하지요.

종종 옛 기술이 다른 모습으로 돌아오기도 합니다. 얼마 전에 나온 〈스타워즈〉 드라마 〈만달로리안〉은 새로운 기술로 주목을 받았습니다. 그린 스크린을 거대한 고해상도 LED 디스플레이로 대체한 것이지요. 분명 새 기술인 건 맞습니다. 하지만 그 개념은 〈2001〉의 원시인 장면에 쓰였던 리어 프로젝터와 크게 다를 게 없어요.

정리하면 기술발전의 역사는 다양한 곡선을 그리며 발전하고 여러분이 옛 영화에서 이후의 영화에서보다 더 좋은 효과를 마주칠 가능성은 얼마든지 있습니다.

셋, 티가 나는 시각 효과들은 그 자체의 힘과 아름다움과 매력이 있습니다.

대부분 특수 효과 전문가들의 목표는 최대한 사실적인 묘사로 관객들을 기만하는 것입니다. 가짜 같은 묘사는 이들의 최종 목표가 아니에요. 그건 르네상스 시대 초상화가의 목표가 모델과 최대한 비슷한 그림이었던 것과 같습니다. 하지만 지금 르네상스 미술 감상자에게 그림이 모델과 얼마나 닮았는가는 이전만큼 중요하지 않지요. 그 그림에는 다른 가치가 있습니다. 이미 사진을 통해 손쉽게 사실성을 재현할 수 있는 시대에 살고 있기 때문에 덜 사실적인 효과의 다른 아름다움을 감상할 수 있는 거예요.

이를 확인하고 싶은 분들을 위하여 두 작품을 추천합니다. 존 랜디스의 〈런던의 늑대인간〉과 존 카펜터의 〈괴물〉입니다. 습관대로 감독 이름을 댔는데, 여기서는 릭 베이커의 〈런던의 늑대인간〉과 롭 보틴의 〈괴물〉이라고 불러야 해요. 두 작품 모두 재래식 분장과 모형을 이용한 효과의 끝판왕입니다. 이들 중 어느 것도 그렇게까지 사실적이지는 않습니다. 하지만 그래서 뭐요? 여러분은 진짜 늑대인간이나 진짜 변신 외계인을 만난 적 있나요? 중요한 건 사실성이 아니라 이를 통해 어떻게 공포와 불쾌함과 징그러움을 자극하느냐입니다. 이 두 작품은 여기에 모두 완벽하게 성공했지요.

심지어 이들은 CG 시대로 들어서자 더 보기가 재미있어졌습니다. 요샌 화면에 아무리 신기한 것이 떠도 그냥 'CG를 입혔구나'라고 생각하지요. (물론 그 신기한 게 CG가 아닐 가능성은 얼마든지 있습니다) 하지만 이 두 영화를 보는 동안엔 계속 '어떻게 했지?'를 되묻게 됩니다. 말이 나왔으니 하는 말인데, 메이킹 다큐멘터리는 CG 이전이 훨씬 재미있습니다. 요새는 대부분 CG와 그린 스크린으로 수렴되는 영상의 해결책이 이전엔 훨씬 다양했기 때문이지요. 이탈리아의 위대한 호러 감독인 마리오 바바는 특수 효과의 장인이기도 했는데요. 제자인 다리오 아르젠토의 〈인페르노〉에 보면 바바가 뉴욕 스카이라인을 묘사하기 위해 만든 그럴싸한 마천루들을 찾아볼 수 있습니다. 그것들을 무엇으로 만들었는지 아세요? 우유팩요. 농담이 아니라니까.

이렇게 비교하면 되겠습니다. 지금의 CG가 고해상도 사진이라면 옛 시각 효과와 특수 효과는 다양한 화법으로 그린 미술작품 같다고요. 정교하고 사실적인 표현이 가능하다면 그건 좋은 일입니다. 하지만 그것만 있으면 심심하지 않을까요?

마지막, 중요한 건 영화 자체입니다. 결국 시각 효과의 일은 영화를 지원하는 것입니다. 모든 기술에는 한계가 있고 열심히 노려보면 결국 티가 납니다. 하지만 영화가 훌륭하거나 재미있고 그 효과가 영화에 적절히 봉사한다면 티가 나는 건 그렇게 큰 문제가 아니지요. 반복해서 보면 그 기술의 한계가 매력적인 스타일이 되기도 하고요. 그러니 옛날 영화의 시각 효과가 충분히 만족스럽게 여러분을 속이지 못할까 봐 두려워하지 마세요. CG 시대의 영화에서는 볼 수 없었던 아름다움과 즐거움이 여러분을 기다리고 있습니다.

• UFO

요새 UFO의 인기는 이전만큼은 못합니다. 지금도 꾸준히 UFO 사진이나 영상이 뜨지만 (오히려 이전보다 더 많은 편이에요. 지금은 정보 시대이니 어떤 정보건 이전보다 많죠) 그에 대한 반응은 20세기 중후반에 비하면 심심합니다. 앞으로 어떻게 될지 모르지만 UFO 유행은 〈엑스 파일〉에서 마지막 정점을 찍고 그 뒤로 계속 사양세인 것 같습니다. 최근 미국방부가 UFO 현상에 대한 흥미로운 보고서를 발표하긴 했는데, 이게 정말 전환점이 될지는 잘 모르겠어요.

옛날 SF 영화를 보면 당시 사람들이 얼마나 UFO, 보다 정확히 말해 외계인이 타고 온 비행접시에 얼마나 진심이었는지 알고 깜짝 놀라게 됩니다. 지금은 존 카펜터의 리메이크로 더 유명한 크리스찬 니비의 1951년작 〈괴물〉은 "세상에 얘기해. 어디에 있는 누구에게든 빠짐없이, 이걸 얘기해. 어디에서든 하늘을 보라고. 계속 봐. 하늘을 계속 지켜보라고Tell the world. Tell this to everybody, wherever they are. Watch the skies everywhere. Keep looking. Keep watching the skies"라는 외침으로 끝나는데, 보면 정말 이 사람들이 하늘 위를 날아다니는 그 수상쩍은 무언가가 외계인의 탈것이라는 가설을 진지하게 믿고 있었고 두려워하고 있었구나 하는 생각을 하지 않을 수 없습니다. 그리고 그건 사실입니다. 1950년대까지만 해도 미 정부는 호전적인 외계 문명의 지구 침공 위험에 대해 진지하게 생각했습니다. 대중의 두려움은 더 오래갔고요. 70~80년대엔 스필버그의 영화 〈미지와의 조우〉, 〈E.T.〉와 같은 영화들이 현명하고 친절한 외계인의 이미지를 전파했는데, 이들 영화들도 UFO가 외계인의 탈것이라는 아이디어에 진심이었습니다. 거기에 등장하는 외계인들도 실제 목격담에서 영감을 얻은 것이었지요. 단지 1950년대의 호전적인 괴물 이미지 대신 뉴에이지 시대의 현자 이미지를 취했을 뿐입니다.

그 시대는 갔습니다. 어떤 사람들은 사람들이 휴대전화를 갖고 다니기 시작하면서 이전엔 UFO로 여겨졌던 현상들의 정체가 비교적 쉽게 밝혀졌기 때문이라고 생각합니다. 어떤 사람들은 CG 기술이 발달하고 드론이 늘어나면서 이런 사진들을 별생각 없이 조작이나 드론 사진으로 여기게 되었기 때문이라고 하지요. 심지어 최근엔 아주 그럴싸한 UFO 사진이나 동영상을 찍을 수 있는 앱도 나와 있습니다. 직접 포토샵을 건드릴 필요도 없어요.

전 조금 다른 가설을 들겠습니다. 그건 우리가 익숙해져 있던 UFO 서사가 지금의 서부극이 그렇듯 유통기간이 지났기 때문이라는 것입니다.

어떤 것이 있을까. 예를 들어 UFO가 다른 태양계에서 온 외계인이 온 탈것이라는 것입니다. 1950년대 사람들에겐 이게 당연하게 여겨졌습니다. 당시엔 움직이는 기계는 대부분 안에 승객이 있는 탈것이었으니까요. 하지만 지금은 정보화와 AI와 드론 시대입니다. 엄청나게 발달된 문명이 인간들을 공격하고 관찰하는 데에 굳이 승무원이 탄 탈것을 이용할 거라는 생각은 좀 촌스럽게 보입니다. 지구인을 납치해 실험하는 외계인들은 어떨까요? 왜 그들은 얻는 것도 많지 않은 그 힘겨운 단순노동을 반복하는 거죠? 그런 거 자주 하지 않아도 되는 유전공학 기술이 있어야 하지 않을까요? 지구를 정복하러 왔다는 주장이나 핵전쟁을 앞 둔 지구인에게 경고하러 왔다는 주장 모두 어색한 건 마찬가지입니다. 지구인들이 그렇게 걱정된다면 지구온난화 경고부터 해 주지 그랬어요.

UFO 서사는 대부분 SF 서사입니다. SF는 현대 지식에 바탕을 둔 상상력으로 미지의 영역을 탐사하는 장르이고 UFO도 그렇습니다. 그래서 두 영역은 점점 겹치고 서로에게 영향을 주었습니다. 말이 나왔으니 하는 말인데, 아담스키 UFO로 유명한 조지 아담스키는 실패한 SF 작가였다고 하지요. 픽션임이 분명한 이 사사람의 외계인 조우담은 모두 베스트셀러였으니 더 이상 그렇게 부를 수는 없는 것 같습니다만.

대부분의 SF는 세월이 지나면서 낡습니다. 넓은 우주와 먼 미래를 상상하는 장르인데, 이 상상 속 우주와 미래가 낡아 버리는 것입니다. 단지 이건 그렇게까지 큰 문제가 안 됩니다. 우리는 이미 21세기, 그러니까 20세기 사람들이 상상한 미래와 겹쳐지는 시대를 살고 있기 때문에 그 낡은 미래와 우주에 익숙해졌지요. 그런 우주와 미래를 즐기는 방법도 알고 있고요. 2020년의 미래를 배경으로 한 소설이나 영화가 2020년이 되는 순간 유통기한이 지나는 일은 일어나지 않습니다. 오히려 그 낡은 느낌이 매력으로 다가오기도 해요. 스팀펑크처럼 이를 적극적으로 이용하는 장르도 있고요.

허나 20세기 중반의 지식과 경험에 바탕을 둔 UFO 서사는 이 모든 게 사실이라고 우기고 있습니다. 당연히 사람들이 이전처럼 받아들이기가 쉽지 않지요. 앞으로 이런 경향은 더 심해져 갈 거예요. 예를 들어 우린 점점 외계 행성에 대한 더 많은 정보를 얻을 텐데, 그건 우리가 UFO 서사에서 외계인의 고향으로 알려진 수많은 행성들에 대해 더 많은 걸 알게 된다는 뜻입니다. SF 작가들이야 다른 행성으로 가면 됩니다. 하지만 그 행성에서 온 외계인과 채널링을 했다는 사람들은 어떻게 하죠? 물론 나사 음모론이라는 좋은 무기가 있습니다만.

여기엔 디자인의 문제도 있습니다. 20세기 중엽 사람들에게 UFO 디자인은 충분히 쿨해 보였습니다. 하지만 고전 UFO 사진들은 지금 보면 1950년대 할리우드 SF 영화에서 나온 것 같습니다. 당시 할리우드 미술감독들은 정말 UFO 사진에서 영감을 받아 우주선을 디자인했기 때문에 이는 당연합니다.

하지만 그렇다고 이 디자인이 안 낡아 보이느냐. 그럴 리는 없지 않겠어요. 심지어 UFO에 진심이었던 1970년대의 스필버그도 〈미지와의 조우〉를 만들 때 기존 디자인을 고수하지 않았습니다. 그러고 보니 기예르모 델 토로의 UFO 목격담이 생각나는군요. 델 토로는 자기가 목격한 것이 너무 뻔한 비행접시 모양을 하고 있어서 실망했다고 합니다. 외계인 비행접시의 디자이너가 굳이 우리의 유행까지 챙겨 주어야 할 이유는 없긴 합니다만.

앞으로 어떻게 될까요. 결국 우리가 어떤 이야기를 찾느냐에 달렸다고 봅니다. 새로운 시대에 맞는 외계인 서사가 만들어지고 지금까지의 UFO 목격담이 그 이야기 안에서 그럴싸하게 설명된다면 진실여부와 상관없이 사람들의 관심은 다시 여기로 쏠리겠지요. 물론 백악관 앞에 착륙한 비행접시에서 외계인들이 나와 우리에게 자기소개를 한다면 더 좋겠지만요.

제 의견은 뭐냐고요? 전 여전히 UFO 관련 기사들과 사진들을 챙겨 봅니다. 옛날 어린이 잡지 독자일 때부터 갖고 있는 습관이지요. 단지 이건 그냥 취미이고 여기에 대해 이야기할 때 '믿음'과 '불신'이라는 강한 단어를 쓰고 싶은 생각은 없어요. 전 우리가 사는 세상이 아주 어이없고 이상해서 정말 20세기 SF 작가들이 상상할 법한 비밀을 간직하고 있을 가능성을 부인하지 않아요. 단지 이게 사실이라고 말하려면 조금 더 강한 증거가 필요하지 않을까요.

네 편의 비행접시 영화들을 소개하며 마치겠습니다. 이 영화들은 대부분 지금 보면 여러 가지 이유로 시대에 뒤떨어졌지만, 오히려 그 때문에 재미있어요.

지구가 정지된 날 The Day the Earth Stood Still(1951)

반짝이는 비행접시를 타고 지구를 찾아온 클라투라는 외계인 이야기입니다. 이 외계인은 아무 이유 없이 백인 남자처럼 생겼는데, 당시 사람들은 그래도 된다고 생각했습니다. 이 외계인은 지구인에게 메시지를 전달하는 데 실패하자 워싱턴 D. C.의 평범한 하숙집으로 들어갑니다. 여기서부터 클라투의 이야기는 수상쩍을 정도로 예수 이야기를 닮아갑니다. 지구인을 위해 죽었다가 부활하는 존재요.

지구 대 비행접시 Earth vs. the Flying Saucers(1956)

이 영화는 원작이 논픽션입니다. 당시 나름 유명했다는 도널드 키호라는 UFO 전문가의 책『우주에서 온 비행접시 Flying Saucers from Outer Space』에서 아이디어를 얻었는데, 물론 이 사람도 멸망해 가는 태양계에서 비행접시를 타고 탈출한 외계인이 지구로 날아와 명승지를 광선포로 공격할 거라고 주장하지는 않았습니다. 하지만 이 영화에서 벌어지는 일들은 냉전이 한창이고 비행접시가 무서웠던 당시 미국 대중을 자극하는 데엔 충분했지요. 그리고 지금 관객들은 이 영화를 스톱모션 애니

메이션의 거장 래리 해리하우젠의 특수 효과 때문에 기억합니다. 해리하우젠 자신은 이 영화에 그리 만족하지 못했다고 하지만요.

금지된 세계 Forbidden Planet (1956)

1950년대에 제작된 몇 안 되는 SF 대작입니다. 〈총알 탄 사나이〉 시리즈의 주연 레슬리 닐슨의 젊은 시절 모습을 볼 수 있는 영화이기도 하지요. 셰익스피어의 『템페스트』 설정을 다른 행성 배경으로 옮기고 여기에 정신분석을 더한 이야기예요. 그런데 연락이 끊긴 외계 행성으로 지구인 군인들을 데려다주는 우주선 C-57D은 비행접시처럼 생겼어요. 당시 사람들은 만약 지구 문명이 다른 태양계로 진출할 수 있는 능력을 갖추게 된다면 그 우주선은 비행접시처럼 생겼을 거라고 믿었어요. 비행접시 목격담이 그 증거니까요. C-57D은 나중에 〈스타트렉〉의 엔터프라이즈 호에 결정적인 영향을 끼쳤습니다. 엔터프라이즈 호는 비행접시에 로켓 두 개를 단 것처럼 생겼지요.

미지와의 조우 Close Encounters Of The Third Kind (1977)

모든 UFO 영화의 종합판이라 할 수 있습니다. 1970년대까지의 UFO 신화와 목격담을 총망라했을 뿐만 아니라 앨런 하이네크와 같은 당시 최고의 전문가들을 초빙해서 최대한 그럴

싸한 이야기를 만들었어요. 여기에는 당시 유행했던 다른 이상한 재료도 섞여 들어가는데, 버뮤다 트라이앵글의 미스터리 같은 것이지요. 영화는 이 모든 것에 진지하고 이런 이야기들이 대부분 그렇듯 강렬한 종교적 체험을 관객들에게 전달합니다. 이런 체험을 하기 위해 굳이 그 이야기를 믿어야 할 필요는 없지요. 오로지 기독교도들만 바흐의 '마태수난곡'을 감상할 수 있는 건 아니지 않나요?

• 무성 영화는 죽지 않았다

공룡 전문가 중에는 그냥 공룡dinosaur이라 부르지 않고 꼭 비조류 공룡non-avian dinosaur이라 부르는 부류가 있습니다. 공룡은 백악기에 멸종하지 않았어요. 새도 공룡이니까요. 여러분도 어제 공룡 고기를 시켜 먹었어요. 닭도 공룡이니까요. 요새는 칠면조 다리를 공룡 고기라고 파는 가게가 있는데 그것도 거짓말이 아닙니다. 칠면조도 공룡이니까요.

전 비슷한 이유로 무성 영화가 〈재즈 싱어〉(1927)로부터 시작된 유성 영화의 유행에 밀려 멸종했다는 식의 글을 읽으면 자동적으로 반발하게 됩니다. 무성 영화는 단 한 번도 멸종한적 없어요. 지금도 여러분 곁에 있고 여러분은 그 작품들을 즐기고 있습니다.

이렇게 말하면 〈아티스트〉를 떠올리는 사람들이 있습니다. 2012년에 아카데미 작품상을 탄 흑백 무성 영화지요. 후반에 유성 영화로 전환되지만 그래도 이 정도면 준수한 무성 영화입니다. 21세기에도 사랑받는 무성 영화가 있다는 증거지요. 하지만 〈아티스트〉는 아주 극단적인 경우예요. 유전공학으로 살린 티라노사우르스처럼 〈아티스트〉는 아카데미 화면비에

서부터 흑백 화면까지, 대놓고 1920년대 무성 영화를 흉내내는 작품입니다. 하지만 요새 무성 영화들은 그렇게 노골적으로 티를 내지는 않아요.

여기서 무성 영화의 정의를 내려보기로 하겠습니다. 무성 영화는 소리가 안 나는 영화가 아니에요. 무성 영화가 소리 없이 상영되는 경우는 극히 드물었습니다. 늘 반주가 깔렸고 상당수는 엄격하게 지정된 곡이었습니다. 영화 음악은 유성 영화 이전에 만들어진 장르예요. 유성 영화 기술이 도입되자 음악과 음향 효과를 입힌 무성 영화들이 만들어졌고요. 채플린의 마지막 무성 영화 〈모던 타임즈〉를 보면 음악은 당연히 나오고 음향 효과도 있고 대사도 조금 있으며 심지어 채플린은 노래도 합니다.

무성영화는 (대체로) 음성 대사 없이 진행되는 영화를 가리킵니다.* 그렇다면 무화 영화라고 불러야 하지 않냐고요? 그러게요. 하지만 원래 엄격하게 이름을 따르는 장르는 별로 없어요. 제가 SF를 써서 그걸 잘 알지요. 이름보다는 그 안에서 분류되는 실제 작품들의 성격이 더 중요합니다.

대사 없이 진행되는 수많은 단편 영화들이 있습니다. 무성 영화입니다. 〈핑구〉나 〈빼꼼〉처럼 대사 없이 진행되는 어린이 프로그램들이 있습니다. 무성 영화입니다. 화면 위에 나오는

---

* 이를 반박할 수 있는 방법이 있습니다. 동양권에서는 변사가 있었으니까요. 변사가 대사를 읊는 무성 영화는 무성 영화라고 할 수 있을까요? 재미있는 토론이 이어질 거 같은데, 전 굳이 거기에 끼어들 생각은 없군요.

사람들이 가사가 있는 노래를 부른다고 해서 그 가사가 꼭 내용을 끌어간다는 법은 없으니 상당수의 뮤직비디오가 무성 영화입니다. 사실 뮤직 비디오를 보면서 꼼꼼하게 가사에 신경을 쓰는 사람들은 많지 않지요.* 외국어 사용자 시청자들은 더욱 그렇고. 무엇보다 여러분이 오글거리는 케이팝 뮤직비디오 연기라고 생각하는 거의 모든 것들이 무성 영화 연기예요.

처음부터 끝까지 무성 영화인 작품도 있지만 대부분 무성 영화는 유성 영화 여기저기에 섞여 있습니다. 거창한 예를 들 필요도 없어요. 요새 나오는 대부분 액션 영화들은 긴 무성 영화 시퀀스를 하나 이상 갖고 있습니다. 할리우드 영화를 보고 있는데 한동안 자막이 안 나온다면 여러분은 그 영화가 무성 영화에 진입했다고 보면 됩니다. 왕가위 영화 상당 부분은 무성 영화입니다. 아름다운 치파오를 입은 장만옥이 우울한 얼굴의 양조위 옆을 지나치며 국수를 사러 나가는 〈화양연화〉 장면에서 내용을 설명해 줄 대사 따위는 필요 없습니다. 말이 나왔으니 하는 말인데, 왕가위 영화의 독백은 무성 영화의 음악과 많이 닮았습니다. 끊임없이 나오면서 영화의 분위기를 유도하는데 정작 큰 의미는 없지요. 수많은 호러 영화들이 무성 영화 장면에 의존하고 있습니다. 〈장화, 홍련〉의 유명한 장면들, 그러니까 아침 귀신, 식당 발작, 피투성이 자루 장면에서

---

* 〈모던 타임즈〉에서 채플린은 심지어 엉터리 외국어 가사로 노래를 부르면서 가사의 의미를 제거해 버렸어요. 더 철저하게 무성 영화화시킨 거죠.

대사 비중이 얼마나 되나요. 〈매드맥스: 분노의 도로〉에서 퓨리오사와 맥스가 드잡이질을 하는 장면을 보세요. 대사 하나 없지만 수다스럽기 그지없는, 정말 순수한 무성 영화입니다.

무성 영화는 죽지 않습니다. 가장 순수한 영화적 속성과 연결되어 있으니까요. 대사와 연기는 영화가 아닌 매체를 통해서도 살아남을 수 있습니다. 하지만 편집된 영상을 통해 이야기를 전달하는 건 오로지 영화, 보다 더 정확하게 말하면 영상 매체만이 할 수 있지요. 그리고 영상 매체가 오로지 무성 영화만 존재했던 몇 십 년 동안 영화판의 사람들은 정말 미친 것과 같은 속도로 그 기술을 개발해 냈습니다. 그리고 그들이 남긴 유산이 지금도 생생하게 살아남아 현대 영화의 기반이 되어 주고 있는 것이지요.

"왜 우리가 무성 영화를 보아야 하는가"라는 질문에 대한 첫 번째 답은 여기에 있습니다. 우리는 결코 무성 영화에서 벗어날 수 없다는 것. 영상 매체의 가장 기본적인 속성을 이해하려면 어쩔 수 없이 무성 영화로 돌아가야 한다는 것.

두 번째 답은 덜 의무적이고 더 편안한 것입니다. 당시의 실험을 구경하는 게 엄청나게, 정말 엄청나게 재미있습니다. 막 발명된 매체의 가능성이 어디까지인지 감도 잡을 수 없었던 사람들이 정말 온갖 실험을 다하고 있습니다. 그중 상당수는 살아남아 현대 영상 매체의 자연스러운 기둥이 되었습니다. 나머지는 그냥 실험으로 남았는데, 그래도 괜찮습니다. 실패한 예술적 시도는 종종 성공한 시도보다 더 재미있으니까요.

세 번째 답은, 어떤 무성 영화들은 그 자체로서 완성형이라는 것입니다. 1920년대 후반에 이르면 몇몇 무성 영화의 걸작들은 바흐의 푸가나 베르디의 오페라처럼 그 자체로 완벽하고 대체 불가능한 정점에 도달했습니다. 오로지 당시의 무성 영화만이 우리에게 줄 수 있는 아름다움과 즐거움이 있고 이를 즐길 수 있는 유일한 길은 무성 영화를 보는 것입니다.

이를 보여주는 영화로 프랭크 보재기의 1927년 영화 〈제7의 천국7th Heaven〉을 들겠습니다. 재닛 게이너와 찰스 패럴 콤비가 커플로 나온 영화* 중 가장 환상적인 작품입니다. 하지만 제가 줄거리를 소개하는 도중 여러분은 흥미를 잃어버릴 거예

---

* 〈제7의 천국〉은 재닛 게이너와 찰스 패럴 콤비의 첫 영화였습니다. 이들은 1934년까지 열두 편의 영화에서 커플로 나왔어요. 그건 두 사람 모두 유성 영화로의 전환기를 무사히 넘겼다는 뜻이지요. 연기의 무게 중심은 게이너에 쏠려 있었습니다. 게이너는 패럴 없이도 훌륭했지만 (〈선라이즈〉, 〈스타 탄생〉 등등) 패럴은 그 정도까지는 아니었지요. 하지만 둘은 스크린 위에서 잘 어울리는 커플이었고 훌륭한 배우를 뒷받침해 주는 파트너의 존재도 소중하지요. 수많은 팬들이, 이 둘이 커플일 거라고 생각했고, 실제로도 잠시 그랬다고 합니다. 하지만 패럴이 청혼하자 게이너는 거절했고 이 난처한 상황에서 벗어나기 위해 변호사인 제시 라이들 펙과 결혼했습니다. 몇 년 뒤 펙과 이혼한 게이너는 할리우드의 유명한 의상디자이너 아드리안과 결혼해서 남편이 죽을 때까지 20년간 같이 살면서 아들을 한 명 낳았는데, 아드리안은 세상이 다 아는 게이였고요. 한편 게이너는 〈피터 팬〉으로 유명한 브로드웨이 스타 메리 마틴과 아주 아주 아주 절친한 친구였고… 이 모든 건 제가 그렇게까지 적극적으로 알고 싶지 않았지만 자연스럽게 흡수한 할리우드 가십 역사의 일부입니다.

앞에서도 말했지만, 게이너는 무성 영화 시대와 유성 영화 시대 모두에 대표작을 낸 배우였습니다. 유성 영화 시대 대표작인 〈스타탄생〉과 이 배우에게 아카데미상을 안겨준 〈제7의 천국〉, 〈거리의 천사〉, 〈선라이즈〉 (게이너는 복수의 영화로 아카데미상을 받은 유일한 배우입니다. 첫 번째 시상식이라서 가능한 일이었지요)와 같은 무성 영화들을 비교해보면 여러 모로 재미있습니다. 전혀 다른 매체에서 전혀 다른 연기를 하는데, 이를 연결하는 공통된 DNA가 남아 있는 걸요.

요. 대충 이렇거든요. 20세기 파리, 언니에게 학대당하는 가련한 디안이 매춘 혐의로 체포될 위험에 처하자 하수도 청소부인 치코는 디안이 자기 아내라고 거짓말을 합니다. 동거에 들어간 둘은 사랑에 빠지고, 치코는 디안에게 정식 청혼을 하려고 하는데 그만 제1차 세계 대전이 터집니다. 우리의 연인들은 헤어지고….

굉장히 시대에 뒤떨어진 멜로드라마지요. 심지어 진짜 프랑스 이야기도 아닙니다. 오스카 스트롱이라는 미국 작가가 상상 속의 파리를 배경으로 쓴 연극이 원작이거든요. 이 연극은 오로지 보재기 영화의 원작으로만 기억됩니다. 유성 영화 시대 때 헨리 킹 감독, 제임스 스튜어트, 시몬 시몽 주연으로 원작에 보다 충실한 영화가 다시 만들어졌는데, 이 작품 역시 기억하는 사람은 많지 않습니다. 왜일까요? 인위적이고 감상적인, 그렇게까지 좋은 이야기가 아니기 때문이지요. 대사가 끌어가는 유성 영화에서는 이게 티가 납니다. 하지만 무성 영화에서는 사정이 달라요.

여기서 여러분이 반드시 알아야 할 게 있습니다. 적어도 무성 영화를 고를 때는 줄거리 요약에 그렇게까지 신경쓰지 마세요. 한심할 정도로 재미없어 보이는 이야기를 엄청나게 근사하게 풀어가는 영화들이 있어요. 여러분이 오페라나 발레 팬이라면 이게 이해가 가실 겁니다. 대부분의 오페라나 발레 내용은 고리타분하고 형편없습니다. 하지만 위대한 음악과 좋은 출연자 그리고 훌륭한 연출이 결합되면 이 뻔하고 지루한 이야기들은 아름답고 강렬한 무언가가 됩니다. 당시에 만들어진 훌륭한 무성 영화들은 이 무언가를 갖고 있습니다. 〈제7의 천국〉의 이별 장면도 마찬가지입니다. 헨리 킹의 유성 영화에서 이 장면은 비교적 짧습니다. 감상적이고 평범하고 그렇게 할 이야기도 많지 않습니다. 하지만 보재기의 무성 영화에서 내용의 진부함과 대사의 뻔함은 어떤 장애도 되지 않습니다. 전쟁의 공포, 흥분한 군중들, 헤어지는 연인들의 이미지는 환상적인 편집으로 조립되어 끝없이 이어지는 장대한 아리아를 이룹니다. 역시 오페라 팬이라면 아시겠지만, 가사의 길이나 내용은 아리아의 길이나 아름다움과 일대일로 대응하지 않습니다. 그냥 그런 것입니다.

1931년, 보재기는 무성영화를 접고 〈배드 걸〉이라는 유성 영화를 감독합니다. 기회가 되신다면 이 영화도 한번 보시길 권합니다. 90년 전 작품이지만 두 주인공의 톡톡 쏘는 대사들은 트위터 타임라인에서 따온 것처럼 현대적이고, 현대 한국 사회를 살아가는 사람들도 무리없이 공감할 수 있는 대화와 장면들이 많습니다. 좋은 영화예요. 하지만 이 영화에는 〈제7의 천국〉을 현란하게 채웠던 '시네마'의 마법이 없습니다. 대사와 함께 이 모든 게 날아가 버린 거예요. 〈배드 걸〉은 그 재료로 만들 수 있는 최선의 영화였기에 불만은 없지만 그래도 이 절제되고 거의 연극적이기까지 한 영화를 보다 보면 과거의 영광이 그리워지는 건 어쩔 수 없습니다. 보재기는 그 뒤에도 좋은 영화들을 많이 만들었지만, 오로지 무성 영화라는 매체를 통해서만 위대함에 가까워질 수 있었던 여러 예술가 중 한 명이었습니다. 그리고 아무리 공룡이 새라는 후손을 남겼다고 주장해도 티라노사우르스와 트리케라톱스가 살았던 백악기 말기와 지금이 같을 수 없는 것처럼, 아무리 제가 무성 영화가 죽지 않았다고 우겨도, 무성 영화의 시대가 끝난 것 자체를 부인할 수 없습니다. 위대한 매체 하나가 유행에 밀려 사라진 것이지요. 그러니 어쩔 수 있나요. 당시 영화를 봐야지.

• 〈메닐몽탕〉과 〈보더라인〉

　무성영화 두 편을 소개할게요. 하나는 디미트리 키르사노프의 〈메닐몽탕Ménilmontant〉(1926)이고 다른 하나는 케네스 맥퍼슨의 〈보더라인Borderline〉(1930)입니다. 두 작품 사이엔 어떤 연관성도 없어요. 아마추어에 가까운 영화광들이 만든 아방가르드 영화라는 점을 제외하곤. 아, 두 영화 모두 고양이가 나오긴 하네요.

　먼저 〈메닐몽탕〉. 제목의 메닐몽탕은 노동자 계급의 가난한 사람들이 많이 사는 프랑스 파리의 거주 지역 이름입니다. 샤를 트레네의 동명 노래로도 유명한 곳이죠. 프랑스 문화권 소설이나 영화를 자주 접하는 사람들에겐 가 본 적 없어도 친숙한 곳입니다. 다양한 작품들을 통해 신화화되었으니까요.

　영화의 내용은 이렇습니다. 부모를 잃은 두 자매가 파리로 가서 새 삶을 시작합니다. 그러다가 동생은 척 봐도 믿음이 안 가는 바람둥이 남자와 연애를 시작하는데, 글쎄 남자는 언니와 양다리를 걸치고 있었던 거죠. 가출해서 아기를 낳고 떠돌던 동생은 다시 언니와 재회하고….

　재미없다고요? 제가 앞에서 말했죠. 무성 영화 줄거리는 믿

〈메닐몽탕〉(1926)

지 말하고. 제가 위에서 읊은 줄거리만 듣고 영화를 보기 시작
한 관객들은 첫 장면이 뜨자마자 기겁하게 됩니다. 거의 1980
년대 미국 슬래셔 영화를 연상시키는 살인 장면으로 문을 여
니까요. 무슨 사정인지도 모르겠어요. 이 영화에는 자막이 없
으니까요. 우리가 알 수 있는 건 어떤 남자가 우리 눈앞에서
자매의 부모를 도끼로 때려 죽이고 있다는 것입니다.

　40분 좀 넘는 짧은 러닝타임의 영화인데, 〈메닐몽탕〉 안에
는 정말 별별 것들이 다 있습니다. 앞에서도 말했지만 호러로
시작하지요. 그리고 결말도 도입부만큼은 아니지만 역시 갑작
스러운 폭력으로 끝맺습니다. 그 안에 있는 건 관습적 멜로드
라마인데, 이를 표현하는 방식은 다채롭기 짝이 없어요. 같은
멜로드라마라도 자매의 삼각관계를 다루는 부분과 동생이 아
기를 안고 떠돌다가 같은 벤치에 앉은 할아버지에게서 음식을

얻어먹는 장면은 완전히 성격이 다르지요. (후자는 무성 영화 연기가 대사 하나 없이 얼마나 많은 것을 전달할 수 있는지 보여 주는 멋진 예입니다) 거의 채플린의 영화처럼 단아하게 배우에게 집중하는 벤치 장면은 헨드헬드 카메라, 디졸브, 아웃포커스, 다중노출, 예이젠시테인식 몽타주가 현란하게 교차되는 도시 묘사와 대비를 이룹니다. 후자에서 여러분은 1920년대에 잠시 반짝했다가 유성 영화의 등장과 함께 사라진 '시티 심포니'라는 장르를 체험하실 수 있어요.

한마디로 이 영화앤 지나치게 많은 것들이 있어요. 며칠 전 저랑 같이 이 영화(WDR 교향악단이 새 음악을 녹음한 멋진 복원판이 얼마 전에 잠시 유튜브에 떴다가 비공개 전환되었습니다. 이 영화를 이렇게 좋은 해상도로 볼 수 있을 거라고는 상상도 못했어요. 심지어 틴트도 되어 있고 제가 전에 본 판본보다 몇 분 더 길죠)를 본 사람은 에스파의 재미있게 잡다한 노래 〈넥스트 레벨〉과 이 작품을 비교했습니다. 이해는 하겠는데 동의는 못하겠어요. 이 많은 재료와 스타일에도 불구하고 〈메닐몽탕〉에는 예술적 통일성이 있습니다. 그건 이 영화가 만들어진 1920년대 중반엔 무성 영화의 표현력이 거의 완성되었고 당시 재능 있는 영화인들은 이 수많은 도구들을 자연스럽게 구사하고 있었다는 뜻입니다.

이 영화를 만든 사람들에 대해 짧게 이야기하겠습니다. 디미트리 키르사노프는 본명이 마르쿠스 다비드 수스마니노비치 카플란입니다. 출생 당시엔 러시아 제국의 일부였던 에스토니아 사람인데 혁명 이후 파리로 갔지요. 키르사노프란 이름은 자길 더 러시아스럽게 꾸미기 위해 고른 게 아닐까요. 이 사람은 당시 프랑스 인상주의 영화 운동에 참여해 제도권 밖에서 극저예산으로 여러 인상적인 영화를 만들었습니다. 아벨 강스나 제르멘 뒬락 같은 사람들만큼 잘 기억되지는 않는데, 이 영화만은 미국의 영화평론가 폴린 카엘이 좋아해서 자주 언급됩니다. 좋은 일이죠. 이 영화에서 동생 역을 맡아 절절한 연기를 보여준 나디아 시비르스카야는 키르사노프의 첫 번째 아내입니다. 본명은 제르멘 마리 조세프 레바. 러시아 예명은 순전히 멋있으라고 붙인 거 같아요. 혁명 이후 망명객들이 우르르 몰려나오면서 유럽에서는 러시아 유행이 불었어요. 이런 사람이 한둘이 아니었습니다. 시비르스카야는 남편의 작품 이외에도 여러 영화에 출연했는데(전 장 르누아르의 〈랑쥬씨의 범죄〉에 이 배우가 잠깐 나오는 걸 본 적 있어요) 경력은 제2차 세계 대전 이후에 끊겼습니다. 대표작은 역시 〈메닐몽탕〉이고요. 그래도 한 번 보면 잊을 수 없는 이미지를 남겼으니 영화배우로서 만족스러운 성취가 아닐까요.

〈보더라인〉에 대해서 이야기하려면 이 영화를 만든 사람들에 대해 꽤 긴 시간을 들여 이야기해야 합니다. 전 힐다 둘리틀로 시작하겠어요. HD라는 필명으로 유명한 미국의 이미지스트 시인이지요. (HD는 당시 시인의 정갈한 작품과 어울리는 아름다운 이름으로 여겨졌는데, 요새는 다들 하드 디스크나 하이 데피니션의 약자로 알지요. 미래는 알 수 없는 법) 하여간 제1차 세계 대전 무렵, HD는 혼외정사로 딸을 낳고 동생이 죽고 남편과 이혼하고 자기도 건강이 망가지는 등 파란만장한 일을 겪었습니다. 그러다 브라이어라는 이름으로 알려진 영국 부잣집 딸 겸 미래의 소설가와 연인이 되지요. 둘은 평생 가는 연애를 했지만, 그동안 계속 다른 사람들을 만났어요. 스코틀랜드인 작가 케네스 맥퀠런은 브라이어가 결혼한 두 번째 남편이었는데, 이 사람은 HD의 애인이기도 했지요. 양성애자였던 HD와 맥퀠런, 동성애자였던 브라이어는 스위스에서 나름 같이 잘 지내면서 「클로즈업」이라는 영화 잡지를 발간하고 풀 그룹Pool Group이라는 영화 단체를 결성해서 여러 편의 아방가르드 영화를 찍었어요. 대부분은 소실되었지만 이 작품 〈보더라인〉만은 남아 있습니다.

인종간의 불륜을 그리고 있어요. 흑인인 에이다와 백인 손은 불륜 관계인데, 손에게는 아스트리드라는 애인 또는 아내가 있고 에이다에게는 피트라는 남편 또는 애인이 있지요. 에이다는 손을 떠나지만, 손과 흑인 여자의 관계를 받아들일 수 없었던 아스트리드는 점점 망가져 가고 어처구니없는 소동 끝에 손에게 살해당합니다. 그리고 피트는 마을의 인종 차별주의자들에 의해 마을에서 쫓겨나지요.

위에서도 말했지만 맥퀠런이 감독하고 각본을 썼어요. HD는 아스트리드를, 브라이어는 조연인 술집 매니저를 연기했고요. 이 영화엔 전문 배우가 단 한 명 나오는데, 피트를 연기한 폴 롭슨입니다. 에이다 역을 연기한 배우는 롭슨의 아내 겸 매니저였고 나중엔 인류학자가 된 에슬란다 롭슨이었고 손을 연기한 개빈 아서는… 뭐, 미국 대통령 체스터 A. 아서의 손자로 여러 재미있는 일을 했던 사람입니다.

〈메닐몽탕〉과는 달리 자막이 가끔 나오긴 하는데, 내용이 그렇게 선명한 편은 아닙니다. 일단 무대가 되는 공간이 어디인지도 명확하지 않으니까요. 영화를 찍은 스위스일 수도 있지만 아닐 수도 있고 그게 그렇게 중요하지 않을 수도 있지요. 당시 예이젠시테인의 몽타주 이론에 빠져 있던 맥켈런은 다양한 실험적인 편집을 시도하는데, 그 때문에 이야기를 따라잡기는 더 어려워졌죠. 고양이 한 마리가 가끔 등장하는데, 그건 아마 귀여워서 넣은 거 같고요.

하지만 영화가 다루는 인종 차별과 관련된 메시지는 명쾌하기 짝이 없습니다. 그리고 여러모로 시대를 앞섰다는 생각이 들어요. 당시는 평범한 미국인, 정확히 말하면 평범한 미국 백인들이 인종간 연애를 요새 극우기독교인들이 동성애를 보듯하던 시절이었습니다. (그래서 제가 〈오! 할리우드〉(2020)의 대체 역사 관객들이 극 중 영화인 〈멕〉의 인종간 연애를 자연스럽게 받아들였다는 설정을 믿을 수가 없는 겁니다) 하지만 평범한 백인들이 뭐라 생각하건 세상은 원래부터 복잡하고 입체적이었지요. 맥켈런 자신도 나중에 유명한 흑인 카바레 가수인 지미 다니엘스와 애인 사이가 되기도 했어요. 그리고 영화가 폴 롭슨의 몸을 에로틱하게 담아내는 걸 보면, 이 영화를 찍은 남자가 이성애자는 아니구나 하는 생각이 듭니다. 하여간 당시, 그리고 그 이후의 할리우드가 한동안 없는 척했던 성적, 인종적 갈등이 스위스의 작은 마을에서 부잣집 딸의 돈을 갖고 재미삼아 영화를 만들던 사람들의 손에 의해 폭로되고 있었던 겁니다.

폴 롭슨에 대해 조금 더 이야기하고 이 챕터를 맺겠습니다. 미국에서 다른 흑인 배우들이 인종 차별에 시달리며 구석으로 몰리던 1930년대에, 롭슨은 영국에서 상당한 성공을 거두었습니다. 〈자유의 노래〉, 〈솔로몬 왕의 보물〉, 〈제리코〉 같은 주류 영화에서 롭슨은 자연스럽고 당당한 주인공이에요. 한동안 영국에서 가장 인기 있는 배우 중 한 명이기도 했지요. 이 영화들을 보면 이런 생각이 들어요. "와, 당시에도 이런 게 가능했구나. 하지만 할리우드는 안 했구나."*

---

* 유럽에 건너가 대스타가 된 미국 흑인 연예인은 롭슨이 처음이 아니었습니다. 전설적인 조제핀 베이커가 있었지요. 프랑스 영화인들은 베이커에게 미국인들보다 훨씬 많은 기회를 주었습니다. 단지 여전히 벽은 있었던 거 같아요. 적어도 제가 아는 베이커의 영화 중 이 배우의 캐릭터가 백인 남자와 맺어지는 작품은 없었어요. 늘 백인 여자에게 밀려 혼자가 되거나 했지요. 그 남자들이 그렇게 매력적으로 보인 적은 없고 베이커의 캐릭터는 늘 자립하기에 저는 특별히 아쉽지는 않았지만요. 물론 베이커 자신은 유럽 이야기꾼이 가한 제약에 자신을 가둔 적이 없었습니다. 인종을 넘어선 결혼을 하고 전쟁 때엔 레지스탕스에 참여해 훈장도 받고 세계 곳곳의 아이들을 입양해 키우며 멋진 삶을 살았습니다.

• 히치콕이 없는 영화사

    그레고어 멘델의 비극은, 이 위대한 과학자가 없어도 되는 사람이었다는 것입니다.

    여러분이 이미 교과서에서 배워서 아는 이야기입니다. 멘델은 천재적인 일련의 실험을 통해 지금 우리가 멘델의 유전법칙이라고 것을 발견했습니다. 하지만 1865년 멘델의 논문이 발표되었을 때 이에 주목한 사람은 아무도 없었고 이 위대한 성취는 완전히 잊혔습니다. 멘델의 업적이 주목받은 건 20세기에 들어와 휘호 더프리스, 카를 코렌스, 에리히 폰 체르마크에 의해 이 법칙이 독립적으로 재발견된 뒤였습니다. 다시 말해 유전법칙은 서구과학의 흐름 안에서 누군가가 발견할 수밖에 없는 것이었습니다. 더 빨리 과학의 일부가 될 수 있었는데, 당시 사람들은 그 기회를 놓쳤죠. 그 결과 멘델이 있는 과학사의 속도는 멘델이 없는 대체과학사의 역사와 크게 다르지 않습니다.

    크리스티앙 데마르의 2016년작 애니메이션 〈아브릴과 조작된 세계〉를 보면서 가장 먼저 떠올랐던 건 그레고어 멘델이었습니다. 이 영화의 배경이 되는 세계는 나폴레옹 5세 치하의

1941년 프랑스로 몇 십 년째 과학 발전이 중단되어 있습니다. 그 이유는 이 영화의 미치광이 악당이 아인슈타인이나 페르미와 같은 과학계의 슈퍼스타들을 납치했기 때문입니다.

보면서 이건 아닌데 하는 생각이 들었습니다. 이들 노벨상 수상자들은 분명 현대 과학의 발전에서 중요한 역할을 했습니다. 하지만 이것은 이들이 대체 불가능한 사람들이라는 뜻은 아닙니다. 위대한 과학자들은 오로지 그들의 천재성만으로 이루어져 있지 않습니다. 그들을 뛰어난 과학자로 만드는 역사적 흐름, 그들이 풀어야 할 위대한 문제들도 필요합니다. 그리고 과학사는 적어도 서구 과학의 흐름 안에서 이 성취가 다른 사람들에 의해 언제든지 반복될 수 있다는 것을 보여주지요. 다시 말해 누군가가 우리 역사 속 슈퍼스타들을 납치했다고 해도 다른 누군가가 그 자리를 채웠을 겁니다.

아이작 뉴턴의 예를 들어볼까요. 천동설이 지동설로 교체되었고 수많은 천문학 데이터가 쌓이던 시절이었습니다. 이들을 설명하는 보편 법칙이 요구되었습니다. 그리고 이 작업을 용의하게 하는 미적분의 도구가 개발되었지요. 그건 뉴턴이 만들었지만 거의 동시에 라이프니츠도 만들었습니다. 신기한 우연이 아니라 누군가가 이를 만들 수밖에 없는 환경이 조성되었다는 뜻입니다. 이 위대한 발견의 시대의 승자는 뉴턴이었지만 그건 이를 성취할 수 있는 사람이 오로지 뉴턴이었다는 건 아닙니다. 뉴턴도 '거인의 어깨'를 언급했을 때 그 사실을 알고 있었겠죠. 자신이 과거의 수많은 사람이 쌓은 업적 위에 서 있었고 거기엔 다른 누군가가 오를 수도 있었다는 것을요.

"이 발견을 우리가 아는 어떤 과학자가 하지 않았다면 누가 했을까?"는 과학사에서 인기 있는 주제입니다. 아인슈타인은 특히 여기서 인기가 있고요. 그리고 우리는 여기서 의미 있는 토론을 할 수 있습니다. 후보자도 많고 그렇게 생각할 수 있는 근거도 충분합니다.

하지만 예술은 어떨까요?

여기에 대해서는 쉽게 말을 할 수 없습니다. 뉴턴의 운동 법칙과 제인 오스틴의 『설득』은 전혀 다른 성취이기 때문이지요. 뉴턴의 법칙은 무개성적인 보편 법칙입니다. 하지만 『설득』은 자기만의 개성을 가진 특별한 개체입니다. 뉴턴의 운동 법칙은 뉴턴이 없었어도 같은 모습으로 존재했겠지만, 우리가 아는 『설득』이 제인 오스틴이 없는 세계에서 같은 모습으로 존재할 가능성은 극히 희박하겠지요.

역사가 짧고 정말 한 줌 정도밖에 안 되는 천재들에 의해 지탱되는 러시아 문학의 경우 몇몇 사람들이 사라지면 정말 큰일 날 것처럼 보이기도 합니다. 레프 톨스토이가 세바스토폴리에서 전사했거나 표도르 도스토옙스키가 시베리아에서 동사했다면 이 동네 문학은 어떻게 되었을까요? 그 대체 역사에서도 우린 러시아 문학에 지금과 같은 의미와 무게를 부여했을까요?

모를 일입니다. 여기에 대해서는 러시아 문학 전문가들이 더 잘 알겠지요. 전 보다 손쉽게 다룰 수 있는 사람을 다루겠습니다. 알프레드 히치콕요. 과연 우리가 타임머신을 타고 과거로 가서 알프레드 히치콕의 존재를 지워 버렸다면 (굳이 살인을 저지를 필요도 없습니다. 부모들을 만나지 않게 하는 등 방법은 많아요) 우리가 아는 영화사는 어떻게 달라졌을까요?

음. 확실한 건 있습니다. 우리가 아는 히치콕 영화들, 그러니까 〈싸이코〉, 〈현기증〉, 〈북북서로 진로를 돌려라〉, 〈이창〉, 〈오명〉, 〈새〉와 같은 개별 작품들은 존재하지 않았겠지요. 히치콕으로부터 영향을 받은 수많은 후배 작품들도 없었을 거고요. 이 영화들에 대해 이미 알고 있는 저에게 이는 분명 엄청난 손실처럼 보입니다. 하지만 히치콕이 없는 대체 영화사가 히치콕의 구멍이 크게 보일 정도로 빈곤할까? 아뇨, 전 그렇게 생각하지 않습니다.

제가 제시하는 이유는 다음과 같습니다. 모든 예술작품은 독립적인 개별자로서, 그리고 역사적 흐름의 일부로서 존재하며 이 둘은 서로에게 영향을 끼칩니다. 아주 분명한 개성을 가진 창작자는 역사에 오로지 그 사람만이 가능한 고유의 손톱자국을 남기기도 합니다. 하지만 어떤 사람의 고유의 개성이라고 생각되는 많은 것은 꼭 보기만큼은 개성적인 무언가 아닐 수도 있습니다. 다시 말해 그중 일부는 재현 가능하고 실제로 재현되는 무언가입니다.

20세기 초중반의 영화감독들은 위대한 예술가로 기억될 가능성이 지금보다 훨씬 높았습니다. 그건 그때가 발견의 시대였기 때문이지요. 막 영화라는 매체가 나온 시기였고 수많은 사람이 신천지에서 새로운 가능성을 실험하고 있었습니다. 그리고 우리는 그 시기에 발견된 영화적 어휘들을 당시 창작자의 걸작들을 통해 기억합니다. 다른 방법이 없어요. 이들 어휘는 구체적인 작품 없이 추상적 사용법만으로는 전달될 수 없습니다. 우리가 과거의 작품을 봐야 하는… 아, 또 이 문장이 나왔네.

　　히치콕의 작품들은 분명 개성적입니다. 작가주의 신봉가들이 빠질 만하지요. 하지만 우리가 히치콕을 통해 배우는 모든 것들이 그런 건 아닙니다. 예를 들어 '서스펜스의 거장' 히치콕의 어휘들은 보기보다 보편적이에요. 유명한 '테이블 밑의 폭탄' 비유는 다들 아시죠. 테이블 밑에 곧 터지는 폭탄이 있다는 걸 관객들은 알지만 주인공들은 모릅니다. 그래서 천진난만한 이들이 방 안에서 잡담을 나누는 동안 사람들은 손에 땀을 쥐며… 〈현기증〉을 포함한 히치콕의 수많은 영화들이 이런 식으로 서스펜스를 쓰고 있습니다. 하지만 이게 과연 히치콕에 종속되어 있는 어휘일까요? 그렇지 않아요. 히치콕은 이를 선점할 수 있을 만큼 타이밍이 좋은 시기에 살았고 훌륭한 영화와 쇼맨십을 통해 이를 자기 것으로 만들었을 뿐입니다. 어차피 서스펜스 물은 히치콕이 없어도 만들어졌을 것이고 이 장르를 살리는 효과적인 장치들은 수렴되기 마련입니다. 효율적인 도구들은 생각만큼 많지 않아요. 결국 우린 같은 어휘를 효율적으로 쓰는 작품들이 태어나는 걸 보았을 겁니다. 단지 거기에 히치콕이라는 이름이 붙지는 않았겠지요.

자, 이제 다른 식으로 생각해 봅시다. 톨스토이가 없었다면 어떻게 되었을까, 히치콕이 없었다면 어떻게 되었을까 같은 상상은 흔합니다. 유명한 예로는 낙태반대자들이 내세우는 "너 같으면 얘를 낙태시켰겠지. 하지만 얘는 커서 베토벤이 된다!"를 들 수 있습니다. 물론 이건 철저하게 무의미한 협박이죠. 우린 어차피 낙태가 아니더라도 위대한 성취를 이룰 수 있었던 수많은 사람을 매초마다 잃고 있기 때문입니다.

히치콕을 다시 불러와 보죠. 소위 위인전의 주인공이 되기 위해서는 몇몇 필터를 통과해야 합니다. 위인전 작가들은 주인공이 자신의 재능과 노력만으로 이를 달성했다고 쓰고 싶어 합니다. (전 전기라고 하지 않고 위인전이라고 했어요. 이 둘의 차이는 큽니다) 하지만 그렇지 않아요. 대부분 사람은 순전히 운이 좋아서 이 필터를 통과합니다. 히치콕이 통과해야 했던 건 뭐였냐고요? 히치콕은 막 영화라는 매체가 꿈틀거리며 성장하던 시기에 영어권에서 태어난 중산층 백인 남자였습니다. 이 중 어느 것도 히치콕의 의지나 노력이나 재능과 관계가 없었습니다. 히치콕은 그냥 복권 당첨된 상태에서 시작한 겁니다. 물론 당첨자가 한둘이 아니라 여전히 그 상태에서 또 경쟁을 해야 했지요. 하지만 그렇다고 해서 그 경쟁의 기회가 복권 당첨을 통해 이루어졌다는 사실이 가려지는 건 아닙니다. 히치콕은 거대한 손병호 게임의 생존자였습니다. 여자들 모두 접어. 백인 아닌 사람들은 모두 접어. 빈곤층 접어.

우리는 이미 히치콕 영화들을 갖고 있습니다. 그건 우리가 아는 유일한 역사이기에, "히치콕이 없었다면"은 그냥 놀이에 불과하지요. 하지만 어떤 사람들에겐 이런 삭제가 현실이었습니다. 예를 들어 20세기 초중반 흑인 역사를 반영한 할리우드 영화는 거의 대부분이 회고조입니다. 그 시대의 주류 할리우드가 당사자들이 영화로 자신들의 이야기를 하는 걸 막았기 때문이지요. 역사의 기록자가 될 수 있었던 기회를 스스로 놓친 겁니다.[*]

다양성에 대해 이야기하는 것은 언제나 중요합니다. 우리가 사는 세상 전체가 다양성에 의해 유지되고 있기 때문이지요. 이를 반영하지 않는 매체의 역사는 결코 정상적이지 않습니다. 그렇기 때문에 우리는 과거와 과거의 작품들을 공부할 때

---

[*] 당시에도 흑인들에 의한, 흑인들을 위한 흑인들의 영화는 있었습니다. 무성영화 시대부터 인종 영화Race Film로 분류되는 흑인과 아시아인 관객들을 위해 특화된 저예산 영화들이 있었지요. 오스카 미쇼와 같은 선구적인 흑인 감독도 있었고, 흑인 영화만 만든 노먼 스튜디오 같은 회사도 있었습니다. 하지만 이들은 대부분 주류 영화사에서 무시되었고 작품 상당수가 소실되었습니다. 이들의 역사가 발굴되어 미국 흑인 영화 역사의 계보의 도입부에 자리 잡은 건 비교적 최근입니다. 의미 있는 계보가 되려면 일단 영화를 볼 수 있어야 하는데, 여기서는 케이블 텔레비전의 등장과 Black Entertainment Television과 같은 채널이 중요한 역할을 했습니다. 현대 관객에게 옛 영화를 볼 수 있는 기회를 제공하는 것이 얼마나 중요한지 보여 주는 사례입니다.

반드시 그 비정상적인 결핍을 보아야 합니다. 그 결핍이 보이지 않는다면 우린 영화 교과서를 지배하는 위대한 백인 영화감독의 위대한 영화들을 역사적 맥락 안에서 제대로 이해하는 데 실패할 수밖에 없습니다.

이를 이해하기 위해서는 우린 창작자들의 위대함에 너무 집착하지 않는 게 좋습니다. 창작자의 중요성은 무시할 수 없습니다. 하지만 그들을 통해 나온 훌륭한 작품들은 그렇게 절대적으로 창작자에 종속되어 있지는 않습니다. 그리고 대부분의 창작자는 자신의 성공작보다는 언제나 못한 사람들이지요.

이 챕터를 맺기 위한 인용구를 트위터에서 가져왔습니다. 서수라는 분의 계정에서 찾았어요.

"음악을 듣고 책을 읽고 영화를 보다 보면 작품을 만든 사람에게 경외감 같은 걸 느낄 때가 종종 있는데 그럴 때마다 엄마가 했던 말이 생각난다. '그런 마음은 작가가 아닌 작품을 향하도록 해라. (설사 대단한 작품을 만들었다고 해도) 인간은 그리 대단하지 않다.'"

아무리 봐도 현자의 말씀이라 허락을 받고 정중하게 인용합니다.

• 외모 이야기

1.

한국 여성 연예인들에 대한 엄격하고 편향적인 외모기준에
대해 이야기하면서 "케이팝 여자 아이돌들은 다 비슷한 외모
라 구별이 안 되고 한눈에 들어오는 개성이 없다"라는 지적하
는 트윗을 읽었습니다. 정확한 인용인지는 모르겠는데 지금은
찾을 수가 없고, 이와 비슷한 지적들은 한둘이 아닐 테니 굳이
확인할 필요는 없을 것 같습니다.

틀린 말은 아니겠지요. 케이팝 아이돌들의 외모는 비교적
좁은 범위 안으로 제한되어 있습니다. 이들은 특정한 미적 기
준에 맞추어 선정된 비슷한 나이 또래의 예쁜 사람들이에요.
대부분의 사람들은 이 기준 근처에 가기도 전에 탈락이고, 심
지어 많은 연예인도 그렇습니다. 하지만 이들을 구별하기 어
려운 게 이들이 비정상적일 정도로 비슷비슷하게 생겼기 때문
일까? 글쎄요. 그보다는 그냥 그 사람들에게 관심이 없기 때문
일 겁니다.

잘 모르는 대상은 원래 다 비슷해 보입니다. 사람들은 다른
인종에 속한 사람들의 차이를 잘 구별하지 못합니다. 클래식

음악에 관심이 없는 사람들은 바흐와 비발디를 구별하지 못합니다. 고전 추리소설들은 다 비슷비슷한 내용입니다. 이 비슷비슷한 것들에서 개성과 매력을 찾아내고 즐기는 것이 덕질의 즐거움이지요. 처음 보았을 때는 쉽게 구별하기 어려웠던 멤버들이 다 다른 외모와 다른 개성을 가진 사람들이라는 걸 알게 되는 과정은 아이돌 팬들이 늘 거치는 순서입니다. 물론 보는 순간 사람들의 시선을 빼앗는 강렬한 인상을 가진 사람들도 있습니다. 하지만 모든 사람이 그렇지는 않고 그래야 할 이유도 없습니다. 심지어 연예인이라고 해도요. 그리고 우리는 대부분 한 번 보고 나면 잊힐 외모를 하고 있지만, 그 평범함이 우리 삶에 대단히 부정적인 영향을 끼치거나 하지는 않지요. 어차피 우리 주변 사람들은 우리의 개성을 알아봅니다.

그러니 잘 모르거나 관심 없는 대상의 개성에 대해서는 너무 쉽게 이야기하지 않는 게 좋습니다. 그렇다고 삶을 갉아먹는 외모 기준에 대해 비판하지 말라는 것은 아닙니다. 그 둘은 그냥 다른 이야기예요.

2.

사람들이 가진 선입견 중 하나는 옛날의 미적 기준은 지금보다 융통성이 있었고 당시의 '미인'은 지금보다 넓은 범위를 커버했다는 것입니다. 이는 맞기도 하고 틀리기도 합니다. 지금의 연예인들은 이전보다 더 엄격한 신체 기준을 통과해야 합니다. 하지만 이전 기준이 더 다양하고 넓은가? 글쎄요.

최은희와 김지미 모두가 한국을 대표하는 미인이었던 시대는 지금보다 미적 기준이 융통성 있는 시대가 아니었냐고요? (이 주장은 김지미 자신이 제시했던 것으로 기억하는데 아직 출처를 못 찾았습니다) 글쎄요. 전 이론이 하나 있습니다. 이들이 전성기였던 1960년대 초반은 미적 기준의 세대교체가 이루어지는 시대였다고요. 대중의 미적 기준이 넓었던 게 아니라 그냥 다른 기준을 가진 세대가 공존했던 겁니다.

이 상황은 순식간에 정리되었습니다. 몇 년 뒤 1세대 트로이카로 불린 세 명의 여자 배우들이 등장했습니다. 남정임, 윤정희, 문희. 그런데 당시 영화나 연예계에 관심이 없는 사람들에게 이들의 사진을 보여 주면 몇 명이나 정확하게 구분할까요? 이들의 모두는 1960년대 한국 관객들의 미적 기준을 반영하고 있고 다들 비슷해 보입니다.

이들만 그런 게 아니에요. 옛날 사람들은 다들 비슷하게 생겼습니다. 연예인들을 더욱 그렇고. 적어도 20세기엔 대중의 취향은 그렇게까지 넓은 편이 아니었습니다. 단지 그 좁은 취향이 급속도로 빨리 바뀌었지요. 여러분은 20세기 미인들의 얼굴을 쉽게 구분할 수 없을지 모르지만 사진만 보고 그들이 어느 세대에 속해있는지 알아볼 수 있습니다. 예를 들어 메리 픽포드, 릴리안과 도로시 기시 자매, 클라라 보, 자넷 게이너는 모두 동그란 얼굴에 큰 눈을 한 무성 영화 시절 얼굴을 갖고 있지요. (물론 저는 릴리안 기시와 자넷 게이너는 전혀 다른 개성을 가진 다른 외모의 예술가이며, 여러분이 이 둘을 구별하지 못한다면 이들에게 관심이 없기 때문이라 주장할 것입니다) 여러분이 클라라 보와 제인 폰다를 단번에 구별한다면 두 사람이, 대중이 다른 취향을 가졌던 다른 시대를 살았기 때문입니다.

그렇다면 지금의 기준은 어떤가? 일단 1990년대 말부터 취향의 변화 속도는 느려진 느낌입니다. 패션도 그렇고 외모 기준도 그렇고. 한국 사람들에게 1960년대와 1980년대는 완전히 다른 시대였습니다. 1960년대의 미인인 최은희와 1980년대 미인인 장미희의 차이를 비교해 보세요. 그런데 2000년대의 미인은 이영애, 전지현, 이나영입니다. 90년대까지만 해도 메이크업과 패션의 차이로 시대를 구분하는 것이 쉬웠습니다만, 21세기엔 이것도 큰 의미가 없어졌습니다. 2000년대와 지금을 구별하려면 패션이나 연예인의 외모 대신 이들이 갖고 있는 모바일 기기의 기종을 보아야 합니다.

대신 사람들의 취향은 훨씬 다양해졌습니다. 단 하나의 변수만으로도 그림이 완전히 달라집니다. 인종적 다양성요. 20세기 후반까지만 해도 한국 사람들은 단 두 개의 미적 기준을 갖고 있었습니다. 유럽계 사람들의 미적 기준과 한국인의 미적 기준이요. 전자는 보편적이고 우월했고 후자는 우리가 그냥 살아야 하는 조건이었습니다. 지금은 어떤가요. 이건 한국뿐만이 아니라 전 세계적인 현상입니다. 케이팝이 국제적인 인기를 끈 것도 이 현상에 기댄 바가 큽니다. 20세기 후반까지만 해도 동아시아 연예인들이 아시아권 바깥에서 이렇게 인기를 끌 수 있다고는 상상하기 어려웠어요.

여성성 또는 남성성에 대한 기준에도 융통성이 생겼습니다. 이성애자 이성에게만 어필하는 전략은 이전만큼 당연하지 않습니다. 심지어 극도로 여성적인 이미지도 꼭 이성애자 남자들을 대상으로 한 게 아닐 수도 있습니다.

여자 연예인의 경우 주연으로서의 활동 시기가 연장되었습니다. 전 TvN 드라마 〈마인〉의 전날 방영분을 넷플릭스로 틀어놓고 이 원고를 쓰고 있는데, 두 주연 배우인 김서형과 이보영은 1973년과 1979년생으로 모두 40대입니다. 안 보고 있지만 지금 엄청난 화제를 모으고 있는 〈펜트하우스〉 시리즈의 주연 배우인 이지아, 김소연, 유진은 1978년, 1980년, 1981년생으로 모두 40대죠.

한국에서 40대의 여자 배우들이 누군가의 엄마가 아닌 역으로 주연을 맡은 드라마는 몇 년 전까지만 해도 희귀했습니다. 하지만 김희애와 김혜수는 이미 50대를 넘겼으면서 여전히 주연 자리에 있습니다. 세상이 바뀐 거예요. 물론 이들은 신체 조건과 K-미용 테크놀로지 기타등등이 허용하는 최선의 모습을 보여 주긴 합니다. 하지만 대중이 소비하는 '아름다운 여자 연예인'의 나이 폭이 넓어졌음은 부인할 수 없습니다. 아무리 한국 연예인스럽게 바짝 다듬어졌다고 해도 〈마인〉에서 김서형이 보여 주는 건 결코 '젊은 여자'의 이미지가 아닙니다. 아, 그리고 〈마인〉의 출연자이고 최근 들어 갑작스럽게 젊은 팬들을 얻어 아이돌 팬질을 당하기 시작한 예수정에 대해서도 한 마디 하고 싶습니다. 팬들은 1955년생인 이 배우를 젊은 배우들을 좋아하는 것과 같은 이유로 좋아하는데, 그중에는 미모도 포함되어 있습니다. 이 배우의 최근 주연작인 〈69세〉에서도 패셔너블하고 아름다운 사람이라는 것은 캐릭터의 큰 부분입니다.

이 변화의 과정을 정확하게 알려면 막연히 머릿속에 떠오르는 과거 대신 당시 만들어진 영화와 드라마를 직접 챙겨 보며 비교해 봐야 합니다. 그리고 당시를 살았다고 해서 노인네들의 회상을 너무 믿지 마세요. 사람들의 기억은 별로 믿을 만한 게 못 됩니다. 그 사람들이 최근에 당시 드라마나 영화를 봤다면 모를까, 한국 사람들은 옛날 영화를 잘 안 보잖아요. 옛날 드라마라고 챙겨 보는 것도 기껏해야 케이블에서 틀어주는 90년대 작품들이고.

3.

사람들이 당연하다고 생각하지만 그렇게까지 사실은 아닌 신화가 하나 있는데, 여자들이 보다 다양한 외모의 남자들을 잘생겼다고 여긴다는 것입니다. 지금 인기 있는 남자 연예인들을 대충 보면 정말 그런 것 같기도 합니다. 하지만 이게 보기만큼 단순하지는 않아요.

이를 보여 주는 가장 손쉬운 예는 역시 케이팝입니다. 케이팝 남자 아이돌에 적용되는 최근 기준을 보면 '그 융통성 있는 기준이 다 어디로 갔나?'라는 생각이 들 정도입니다. 물론 여자 아이돌들에게 적용되는 정도까지는 아닙니다. 한국에서 남자들은 어느 영역에서건 여자들보다 관대한 대접을 받아요. 그래도 이들에게 적용되는 미적 기준은 '그냥 남자 연예인'보다 훨씬 엄격합니다. 1세대 남자 아이돌 중엔 보다 융통성 있는 외모를 하고 있는 멤버들도 있었지만 그런 시도도 순식간에 사라졌죠. 다시 말해 이 동네는 여자 소비자들이 남자들에게 일반 대중이 여자 연예인에게 요구하는 것과 비슷한 미적 기준을 적용하는 곳입니다.

미인 대회 폐지를 위해 싸웠던 1970년대 페미니스트 운동가들은 "모든 여자는 아름답다"라는 캐치프레이즈를 내걸었습니다. 하지만 모든 여자가 정말 아름다운가요. 다양한 기준과 취향이 존재해도 그래도 아름다운 사람들은 소수입니다. 그리고 이 캐치프레이즈의 성별을 한 번 바꾸어 보세요. "모든 남자는 아름답다" 또는 "모든 남자는 잘생겼다". 정말 이상하게 들리죠. 왜일까요? 사실이 아니기도 하지만, 지금 사회에서 남자들은 굳이 아름답지 않아도 되기 때문에 이에 집착할 필요가 없기 때문입니다. 미인 대회를 폐지해야 한다면 그건 모든 여자가 각자의 방식으로 아름다워 평가가 불가능하기 때문이 아니라 (그게 이유라면 경쟁 영화제도 하지 말아야죠) 외모가 여자들의 가장 중요한 또는 유일한 가치라는 선입견을 강화하기 때문입니다.

결국 이건 권력의 문제입니다. 남자들에 적용되는 미적 기준도 한없이 좁아질 수 있습니다. 특별히 다양한 미남이 있는 게 아닙니다. 남자들은 그냥 잘생기지 않아도 되는 권력이 있을 뿐입니다. 반대로 보면 여자들은 다양한 방식으로 매력적이 될 수 있었던 기회를 꾸준히 박탈되어 왔던 것이고요.*

이 불평등을 개선하기 위해 굳이 여러분이 갖고 있는 미적 기준을 억지로 수정할 필요는 없습니다. 그게 마음처럼 잘 되는 것도 아니더라고요. 그냥 살면서 경험과 함께 자연스럽게 넓히면 됩니다. 그보다는 여자들이 표준화된 외모의 기준과 상관없이 재미있고 멋있고 매력적일 수 있다는 것을 받아들이는 게 먼저입니다. 그것만으로도 엄청나게 달라져요.

이렇게 이야기를 풀다 보면 불평등한 시대에 만들어진 모든

---

* 이를 보여 주는 게 미셸 피콜리 같은 대머리 배불뚝 아저씨들이 조카뻘 절세미녀들과 연애하는 프랑스 영화들이죠. 전 피콜리가 매력적인 배우라고 생각하지만 이 그림의 끝없는 연속이 과연 얼마나 올바른지 모르겠습니다.

　보다 적나라한 예를 든다면… 언젠가 트위터 친구에게 1980년대 한국 호러 영화들을 몇 편 소개한 적 있습니다. 영자원까지 가서 그중 한 편을 절반쯤 본 그 사람은 저에게 절규의 외침을 보냅니다. "더 이상 못 보겠어요. 남주가 ₩&# 못생겼어요." 그 트친은 아무리 영화가 저예산이었고, 역할이 아무리 끔찍해도, 남자 주연 배우의 외모가 그따위라는 걸 받아들일 수가 없었습니다. 하지만 80년대 한국에선 그게 그렇게 큰 문제가 아니었습니다. 말이 나왔으니 하는 말인데, 당시를 주름잡는 남자 섹시 스타는 이대근이었습니다. 힘 잘 쓰게 생겼다는 이미지가 미모보다 더 중요했지요. 한국에서 남자 연예인들이 꼼꼼하게 몸과 얼굴을 관리하기 시작한 건 1990년대에 들어서부터입니다. 그전 대다수 한국 남자들은 남자가 몸을 예쁘게 만든다는 개념 자체를 이해하지 못했어요.

영상물을 버리고 지금부터 새로 시작하자는 사람들과 만나게 됩니다. 몇 년 전까지만 해도 이런 부류의 사고방식이 존재할 수 있는지도 몰랐는데. 세상은 점점 피곤해졌어요.

정반대로 봐야 합니다. 불평등한 세상에는 늘 그 조건과 맞서 싸운 사람들이 있습니다. 그들의 수는 상대적으로 적어 보일 수 있어도 여러분이 부족하다고 느낄 정도로 적지는 않습니다. 여러분이 갖고 있는 시간은 그렇게 길지도 않아요. 인간 역사가 아무리 짧아도 여러분이 갖고 있는 시간보다는 훨씬 길고 그동안 쌓인 것도 많습니다. 그럼에도 불구하고 과거를 볼 생각이 없다는 건 그냥 이 주제에 대해 생각을 하고 싶지 않다는 거죠. 주제와 관련된 자료를 찾을 생각이 없다는 건 그냥 관심이 없다는 뜻 아닙니까.

수많은 삶과 경력들이 있습니다. 할리우드 미모 기준은 가볍게 무시한 외모였지만 톱스타의 자리에 올랐고 아카데미상도 받았던 마리 드레슬러 같은 사람들도 있고, 젊은 시절을 넘긴 뒤에도 (그러는 동안 비슷한 나이 또래의 남자들은 오드리 헵번의 상대역을 하고 있었죠. 불공평한 세상이여!) 필사적으로 할리우드에서 다양한 자기 역을 찾고 만들면서 죽기 직전까지 업계에서 살아남았던 베티 데이비스와 같은 사람들도 있습니다. 나이든 여자들, 업계에서 오래 버티며 살아남은 여자들을 존중하고 수십 년에 걸친 그들의 작품들을 챙겨 보세요. 지금 사람들이 어떤 길을 걸어도 그것은 100여 년에 걸친 수많은 사람들의 투쟁의 끝에 연결되어 있습니다. 그것이 아무리 얄팍하고 피상적으로 보이는 '외모'와 같은 주제에 대한 것이라도 말이죠.

• 나쁜 남자들의 수명

CGV 아트하우스에서는 몇 년째 히치콕 특별전을 틀어 주고 있지요. 전 2018년에 가서 상영되는 대부분 영화들을 챙겨 봤습니다. 히치콕의 영화를 극장에서 본 건 그때가 처음이었던 거 같아요. 디지털이어서 감흥은 덜했지만 그건 어쩔 수 없지요.

영화를 보고 관객들의 반응을 체크해 봤어요. 그리고 몇 가지 재미있는 사실을 확인했지요. 이들 내부분은 이 특별전을 통해 히치콕 영화를 처음 보았어요. 그리고 이들은 이 영화 속 남자 주인공들, 특히 〈이창〉과 〈현기증〉의 제임스 스튜어트와 〈오명〉과 〈북북서로 진로를 돌려라〉의 캐리 그랜트의 캐릭터들을 싫어했습니다. 늙고 못생긴 주제에 조카뻘, 심지어 딸뻘인 젊은 여자나 밝히고 음흉한 변태인 데다 사귀는 여자에게 가스라이팅을 일삼고….

외모 이야기를 합시다. 전 제임스 스튜어트가 특별히 잘생겼다고 생각한 적 없습니다. 캐리 그랜트가 클래식 할리우드를 대표하는 미남이라는 생각을 하고 있긴 한데, 이것도 어느 정도 습관입니다. 다른 사람들은 어떤지 모르겠는데, 전 아름다운 외모 때문에 좋아하기 시작한 연예인이라도 오래 알면서 익숙해지면 이 사람 고유의 특성이 외모의 아름다움보다 더 눈에 잘 들어옵니다. 그 아름다움을 평가하기가 힘들어져요. 캐리 그랜트는 저에게 그냥 캐리 그랜트입니다.

그래서 온라인으로 알고 지내는 영미권의 몇몇 사람들에게 캐리 그랜트를 늙고 못생긴 남자로 본 한국 관객들에 대해 이야기했습니다. 다들 신기해하더군요. 하지만 이들은 모두 저와 비슷한 나이에다 고전 영화에 익숙한 사람들이었어요. 고전 영화에 관심이 없는 다른 연령대의 사람들은 또 생각이 다를지도 모르죠.

젊은 한국 사람들이 그랜트의 외모에 심드렁할 가능성은 미국보다 높습니다. 왜냐고요? 지난 몇 십 년 동안 한국을 포함한 동아시아 국가에서는 미적 기준의 급작스러운 변화가 일어났습니다. 자국 연예인들을 더 많이 소비하기 시작했고 그들을 평가하는 기준도 바뀌었어요. 1990년대까지만 해도 한국에서 한국의 연예인을 소비하는 건 그렇게 쿨한 일이 아니었습니다. 하지만 지금은 어떤가요. 외모 기준은 또 어떻고요.

이 과정 중 상당히 많은 사람들이 한국 연예인에 적용되는 기준을 할리우드의 유럽계 배우에게 적용합니다. 가장 자주 언급되는 기준은 피부가 잡티 없이 맑고, 어려 보이고, 턱이 날렵해야 한다는 것이지요. 20세기까지만 해도 한국 사람들이 그레이스 켈리의 미모에 지적질을 하는 일은 없었습니다. 지금 관객들도 켈리의 미모 자체를 부인하지는 않아요. 저랑 같이 〈이창〉을 본 관객들도 그러지는 않았습니다. 하지만 놀랄만큼 많은 사람들이 켈리의 사각턱을 지적합니다. 전 이 기준이 그렇게까지 건강하다고 생각하지 않습니다. 한국 연예인들의 턱도 조금 더 다양해질 필요가 있지요. 하지만 보편을 주장하던 유럽계 사람들의 기준을 받아들이지 않는 한국 사람들이 생겨나기 시작했다는 건 재미있는 현상입니다. 그리고 그 기준을 따르는 사람들은 그랜트에게 감점을 줄 수도 있는 거죠.

캐릭터 이야기를 합시다. 이들 캐릭터들의 불쾌함은 어느 정도 의도적이었습니다. 히치콕은 자신의 남자 주인공을 도덕적으로 애매모호한 인물로 만들어 수상쩍은 행동과 선택을 하게 하는 걸 좋아했어요. 단지 관객들이 처음부터 이 캐릭터에 거부감을 느끼면 안 되니까 당시 사람들이 호감을 느끼고 있던 대스타들을 캐스팅해 무장해제된 상태에서 감정이입하게 했지요. 일종의 트로이의 목마였던 거예요.

그런데 이게 2010년도의 한국에서는 먹히지 않았습니다. 이 관객들에겐 제임스 스튜어트나 캐리 그랜트가 낯선 얼굴이었으니까요! 게다가 세월이 흐르다 보니 옛날엔 별문제가 없었던 태도나 행동이 슬슬 거슬리기 시작합니다. 일단 여자 배우와 남자 배우의 나이차가 너무 심각하게 나잖아요. 〈오명〉의 캐리 그랜트는 그래도 배우가 40대니까 그럭저럭 먹힐 나이지만, 〈북북서〉, 〈이창〉, 〈현기증〉까지 가면 좀 심해요. 가장 족

보가 괴상한 건 〈북북서〉입니다. 캐리 그랜트의 엄마로 나온 제시 로이스 랜디스는 당시 쉰다섯이었던 그랜트보다 겨우 일곱 살 위입니다. 거의 커플로 나와도 될 나이죠. (그리고 의외로 합이 잘 맞습니다. 정말 그렇게 나와도 재미있었을 거예요) 상대역인 에바 마리 세인트는 당시 30대 중반이었고 실제로 캐릭터도 어느 정도 인생 경험이 있는 연령대인 거 같은데, 여자 주인공은 절대로 서른을 넘겨서는 안 된다고 생각했는지, 영화는 이 캐릭터가 20대 중반이라고 우깁니다. 이 영화를 워낙 자주 봐서, 지금도 보는 동안에는 이 모든 합이 그렇게까지 이상하게 느껴지지 않는데, 별다른 정보 없이 처음 보는 관객들이 여기에 거부감을 느끼는 건 당연한 일이라고요.

이들이 꼴사나워 보이는 것도 어느 정도까지 의도인지는 모르겠습니다. 〈현기증〉의 스카티는 대놓고 위험한 인물입니다. 영화는 관객이 이 변태스러운 남자의 위험함과 불쾌함에 예민하게 반응할수록 좋아져요. 이건 큰 문제가 될 게 없습니다. 하지만 지금의 한국 관객들이 〈오명〉의 남자주인공 데블린이 치사하고 비겁한 쫌생이라고 여기는 것도 히치콕의 의도일까요? 당시 미국 관객들이 데블린 같은 남자들에게 더 관대했고 소위 '방탕한 여자'인 주인공 알리시아 같은 여자들에게 더 박했으며, 영화 역시 여기에 맞춰져 있다고 보는 게 맞지 않을까요? 물론 전 "데블린, 이 찌질한 놈아!" 하고 욕하면서 잘 보긴 합니다만, 아마 제가 보는 영화는 히치콕이 설계한 영화와 조금 다른 작품일 것입니다.

옛날 영화 관객들이 남성적 매력이라고 여겼던 것들은 세월이 흐르면서 점점 끔찍해지는 경향이 있습니다. 그건 남자들은 언제나 권력을 가진 쪽이었고 권력을 가진 사람들은 대충 자기 멋대로 행동해도 세상이 그걸 매력으로 쳐주는 경향이 있기 때문입니다. 세월이 흐르면서 그게 조금씩 폭로되는 것이고요. 단지 이 그래프를 그리는 선은 일직선이 아닙니다. 예를 들어 신사다움과 에티켓을 중시하는 시기의 남자들은 자신의 편견과 폭력성을 정제된 태도 안에 감추거나 지우는 경향이 있습니다. 193, 40년대 할리우드처럼 여성 캐릭터의 목소리와 비중이 큰 시기의 남자들은 또 절제하기 마련이고 여기엔 또 검열의 영향이 있습니다.

하지만 20세기 후반처럼 남자들이 검열에서 벗어나 자신의 무책임한 자유를 과시하기 시작하면 결과가 참 그렇습니다. 이를 보여 주는 게 007 시리즈죠. 다니엘 크레이그의 제임스 본드가 무책임한 꼴통 제국주의자라고 생각하신다면 숀 코너리 시대 007 영화들을 챙겨 보시기 바랍니다. 놀랍게도 크레이그의 본드는 엄청나게 개선된 인간이고 숀 코너리의 본드는 지금 기준으로 보면 미투 고발에 걸려 어딘가 감옥에 있어야 합니다. 이를 떠나 코너리 본드의 행동 상당수는 매력적인 게 아니라 그냥 불쾌합니다.

이런 남자들을 동시대 관점에서 비판적으로 보여 주는 영화가 마이클 케인 주연, 루이스 길버트의 1966년작 〈알피〉입니다. 현대 관객들은 왜 알피가 주변 여자들에게 살해당해 템스강 밑바닥에 버려지지 않았는지 궁금해할 것입니다. 보기 괴로운 영화지만 〈알피〉는 당시 노동자 계급 젊은 영국 남자들의 극도로 성차별적인 사고방식과 행동을 바닥까지 정직하게 보여 주었다는 데 중요한 의미가 있습니다.[*]

한국은 어떠냐고요. 흠, 이를 보여 주는 대표적인 예가… 옛날 한국 영화 남자 주인공 중 강간범이 얼마나 많은지 아시나요? 아니, 얼마 전에 코로나로 죽은 아무개 감독이 자주 낸 '나쁜 남자' 이야기를 하는 게 아닙니다. 멀쩡한 남자 주인공이 여자 주인공을 강간하는 영화가 그렇게 많았어요. 〈속눈썹이 긴 여자〉의 최무룡, 〈그 여자를 쫓아라〉의 김희라가 연기한 캐릭터들이 모두 그 부류였습니다. 이들은 모두 끝에 가서 자기가 강간한 여자와 맺어집니다. 이 강간범 주인공의 계보는 1980년대까지 이어졌는데, 주인공과 맺어지는 캐릭터는 아니지만 〈안개마을〉의 안성기 캐릭터도 강간범이니까요. 80년대까지 한국 영화에서는 섹스 장면을 강간처럼 찍었습니다. 그사람들이 과연 강간과 합의하의 섹스를 구별할 수 있는 기초

---

[*] 〈알피〉는 2004년에 주드 로 주연, 찰스 샤이어 감독으로 리메이크되었습니다. 단지 이 영화의 알피는 덜 불쾌하고 물렁한 남자예요. 그렇다면 이 영화를 만들어야 할 이유가 뭐죠. 끔찍한 생각이 하나 떠올랐는데, 1960년대 관객들은 마이클 케인이 연기한 오리지널 알피를 지금 제가 보는 것보다 훨씬 덜 불쾌하게 보았을 가능성이 크다는 것입니다. 그리고 옛 영화의 아우라에 취한 몇몇 현대 관객들도 그렇게 보고 있는지도.

적인 능력이 있긴 했는지 의심하게 되는 지점이 한둘이 아닙니다. 남자들의 세계 안에 갇혀 기초적인 피드백도 받지 못한 상황에서 말초적인 천박함을 추가하자 그런 영화들이 나왔던 거예요.*

그렇다고 80년대에 그게 마무리지어졌나? 아닌 걸 아시지 않나요? 나름 히트 한류 시리즈였고 여기저기에 리메이크 판권도 팔린 〈미안하다, 사랑한다〉의 소지섭 캐릭터는 어느 각도에서 봐도 위험하기 짝이 없는 데이트 폭력범이었고 이 남자와 임수정 캐릭터의 연애 이야기는 불건전한 연애 관계에서 가스라이팅이 어떻게 진행되는지를 보여 주는 교과서와 같은 사례였습니다. 이런 이야기도 나올 수 있지요. 하지만 문제는 이 드라마를 만든 사람들이 이를 남자 캐릭터의 매력이라고, 이들의 이야기가 아름다운 연애 이야기라 믿어 의심치 않았다는 것입니다. 어떻게 그게 가능했는지 지금도 모르겠어요. 그렇게 옛날도 아닌데요.

지금은 어떤가요. 이전의 남자들이 '나쁜 남자의 매력'이라고 내세운 것들 중 상당수는 혐오스러운 행동으로 카테고리가 옮겨 갔습니다. 보다 엄격한 자기 검열이 이루어지고 있고요.

---

* 두 작품 모두 임권택 감독작입니다. 저는 임권택의 옛 영화들을 추적하고 연구하는 것은 정말 중요한 작업이라고 생각합니다. 임권택이 한국 영화사에서 가부장적 계보의 빠질 수 없는 일부이기 때문이 아니라, 수십 년 동안 온갖 영화들을 만들어 오면서, 20세기 후반 영화를 만들던 남성 집단의 사고방식을 자기 검열 없이 기록해 왔기 때문입니다. 그리고 이 영화들이 기록한 사고방식을 공유한 남자들이 여전히 지도층이란 말입니다.

지금의 나쁜 남자와 옛날의 나쁜 남자는 태도 자체가 달라요. 그래야 지금 문제가 발생하지 않기 때문이기도 하지만, 일단 그런 검열을 해야 작품의 수명이 늘어날 수 있기 때문이지요. 적어도 허구의 매력적인 캐릭터를 만드는 과정에서 이 방향성은 한동안 유지될 것 같습니다.

하지만 허구는 결국 현실을 다루어야 하며, 현실은 늘 일직선으로 상승하지 않기 마련입니다. 최근에 이를 보여 주는 가장 두드러진 현상이 20대 한국 남자들의 극우화 경향이지요. 주류 언론은 어떻게든 이를 선해하려 하는데, 같은 세대에서 오로지 남자들만 이런 경향을 보여 주고 있다면 이는 통하지 않지요. 그냥 이들이 정상적인 민주 국가를 흔드는 위험 요소라는 걸 인식하고 대책을 마련하는 게 답입니다. 하지만 이 나라 사람들은 그럴 생각이 없고 애꿎은 손모양이나 검열하려 하고 있지요. 그 결과가 어떨지는 불 보듯 뻔하지 않나요? 이게 한국은 구석의 소국이 아닙니다. 뭔가 바보짓을 하면 그 뉴스가 몇 시간 안에 전 세계로 퍼져요. 그런데 손가락으로 난동을 부리는 이 바보들은 자기가 어떻게 보일지 모르면서 이를 전 세계를 향해 고함치며 홍보하고 있어요. 그 결과 지금 인터넷에서 손가락 이모지는 한국 남자들에 대한 욕으로 쓰고 있습니다. 그런데도 이들은 자기가 무슨 짓을 저지르고 있는지도 모르죠. 좁아터진 자기 동네 안에서 자기들끼리만 피드백을 주고받고 있으니까요. 얼마 전 신남성연대 대표가 CNN과 인터뷰했다고 SNS에서 우쭐거리는 걸 본 적 있는데, 자기네들이 얼마나 천치처럼 보일지 인터뷰 내용이 뜨기 전까지 전혀 몰랐던 것 같습니다. 이게 제가 지금 사는 나라가 아니라면 〈프로듀서스〉(1967)의 관객들이 극 중 연극인 〈히틀러의 봄〉을 보듯 그냥 배꼽 잡고 비웃다 잊어버릴 텐데요.

이런 시대를 살면서 깨끗하게 검열된 유니콘 남자 캐릭터들을 만드는 것이 세상에 어떤 도움이 될까요. 이건 그냥 세상엔 좋은 남자도 있고 나쁜 남자도 있다 정도로 얼버무릴 상황이 아닙니다. 어떤 성격과 개성의 남자를 그리는 동안에도 우리가 무시하지 않고 반영해야 하는 문화적, 사회적 환경이 있다면 이를 그대로 정직하게 그리는 게 지금 대한민국을 사는 서사 예술가들의 의무가 아닐까요. 이 정직함의 추구야말로 지금은 보이지도 않는 해답을 찾는 길일지도 모릅니다.

• 그 옛날 한국 영화들

　다음 문장은 「씨네21」의 장영엽 기자가 기예르모 델 토로와 나눈 인터뷰에서 발췌한 것입니다.

　"그런데 다락방 밑 영화관에서 상영되는 작품들은 이른바 위대한 걸작들이 아닌, 〈마르디 그라스〉(1958)와 〈룻 이야기〉(1960) 등 당대의 평범한 작품들이다."

　"우리에게 더 중요한 건 작은 규모의 영화, 사소한 영화들이라는 점을 보여 주고 싶었다. 실제로 인생에서 나에게 더 깊은 영향을 미친 작품들은 〈시민 케인〉이나 〈사랑은 비를 타고〉가 아니라 이름 모를 코미디, 멜로 영화인 경우가 더 많다. 한국인들에게도 1950~60년대의 멋진 한국 멜로드라마가 이름난 걸작보다 마음속에서 더 중요한 작품으로 각인되어 있을 거라고 생각한다. 내가 〈셰이프 오브 워터〉를 통해 하고 싶었던 건 영화에 러브레터를 보내는 것이었지 영화사에 중요한 족적을 아로새긴 영화들에 러브레터를 보내고 싶었던 게 아니다."[*]

* 장영엽, "〈셰이프 오브 워터: 사랑의 모양〉 기예르모 델 토로 감독-영화관 위의 다락방… 내가 꿈꾸던 이상적인 장소", 「씨네21」, 2018.02.21, http://www.cine21.com/news/view/?mag_id=89485

아니에요, 델 토로 선생. 한국 사람들은 그 당시 영화들을 전혀 기억하지 못합니다. 당시의 평범한 영화들은커녕 가장 훌륭한 영화도 기억하지 못해요. 이들을 기억하는 건 한 줌 정도 되는 전문가들이나 시네필뿐이에요. 심지어 시네필들에게도 그렇게까지 인기 있는 편이 아니지요. 길 가는 사람을 잡고 물어보세요. 〈사랑방 손님과 어머니〉 정도를 기억하는 사람을 만난다면 운이 좋은 거예요. 그리고 십중팔구 그중 절반 이상은 영화를 직접 보지도 않았을 겁니다. 그냥 학교에서 원작을 읽어 내용을 알고 옥희 성대모사가 친숙할 뿐이겠지요.

이게 얼마나 정상인지는 저도 잘 모르겠습니다. 정상이라는 게 의미 있는 기준인지도 잘 모르겠고요. 하지만 한국 사람들이 미국이나 멕시코 사람들보다 옛 자국 영화를 안 보는 건 거의 확실합니다. 중국이나 일본 사람에 비교해도 마찬가지입니다. 지금의 한국 사람들은 자국의 영화들을 맹렬하게 소비하고 있지만 그건 비교적 최근의 경향입니다. 20세기까지만 해도 이러지 않았어요. 1980~90년대에 젊은 시절을 보낸 나이 지긋한 사람들이 향수하는 영화들은 대부분 할리우드 영화거나 홍콩 영화이고 한국 영화는 드뭅니다. 당시에 인기 있었던 수많은 한국 영화들이 순식간에 관객들을 잃었어요.

경계선은 1990년대 중후반쯤에 그어집니다. 이 변화에 대해서는 여러 이유를 들 수 있겠지요. 그 이유보다 중요한 건 90년대의 이 짧은 과도기를 거치기 전과 이후의 한국 영화는 완전히 달라 보인다는 사실 자체입니다. 감독들은 극소수를 남기고 완전히 물갈이 되었고, 배우들의 연기 스타일도 바뀌었습니다. 그리고 21세기부터 '방화'가 아닌, 우리가 당연한 듯 소비하는 '한국 영화'가 등장합니다. 이 시기의 한국 영화들에 익숙한 관객들은 그 이전으로 넘어가는 걸 무척 힘들어 해요.

영화의 유행은 세월이 흐르면서 변합니다. 안 그럴 수가 없지요. 현대 영화에 익숙한 새로운 세대에게 옛 영화들은 어느 정도 어색할 수밖에 없어요. 옛 영화는 과거를 정말 통째로 담고 있으니까요. 모든 게 문자 언어 안에 압축되어 있는 소설은 쉽게 촌스러워질 수 있는 당시의 디테일을 지웁니다. 연극은 새 연출자와 배우들을 통해 늘 재해석되고요. 하지만 영화는 언제나 만들어졌던 당시 그대로입니다. 그리고 우리는 그 어느 때보다 유행의 변화가 빠른 시대를 살고 있지요.

하지만 그런 걸 고려하더라도 한국은 유별납니다. 일본이나 중국 영화사는 그래도 현대까지 이어지는 계보와 연속성이 보입니다. 하지만 현대 한국 영화에는 그게 거의 보이지 않습니다. 심지어 이전 한국 영화에 대한 저항이나 반발도 안 보여요. 그런 저항은 90년대에 잠시 반짝하다 끝났습니다. 지금 활동하는 한국 영화감독들 대다수에게 옛 한국 영화는 그냥 없는 것입니다.

예외가 단 한 명 있습니다. 김기영요. 봉준호의 〈기생충〉. 김지운의 〈장화, 홍련〉 같은 작품들은 김기영의 혈통을 직통으로 잇고 있지요. 해외 관객들이 한국 영화에 대해 갖고 있는 상, 그러니까 장르물과 아트하우스 감수성이 기괴하게 결합한 난폭한 영화의 모양은 대부분 김기영에 바탕을 두고 있습니다. 김기영의 계보는 꽤 정상적으로 이어졌고 지금도 살아 있습니다.[*]

다른 감독들은요? 임권택은 90년대 이전에 국제적인 주목을 받았고 21세기에 와서도 꾸준히 작품을 냈으며 업계의 선배로 존경을 받았습니다. 하지만 임권택의 계보를 잇고 싶어 하는 감독이 얼마나 될까요. 시네필들 사이에서 이만희는 김기영만큼이나 인기 있는 감독이지만 지금은 볼 수 없는 영화인 〈만추〉의 리메이크 시리즈를 제외한다면 이를 잇는 계보는 어디에 있을까요. 이들이 너무 '옛날' 감독이라면 이장호, 배창호, 이두용은 어떨까요. 생각나는 사람이… 아, 류승완은 이두용 영화를 포함한 옛 한국 액션 영화에서 직통으로 영향을 받은 감독입니다. 정말정말 드문 예예요.

그런데 계보는 어떻게 만들어지는 것일까요. 일단은 폐쇄적인 문화 흐름을 공유하며 취향과 미의식을 공유하는 사람들이 필요합니다. 그리고 이전 세대와 이후 세대를 직접 연결하는 선이 필요합니다. 방화 시절에는 충무로 도제 시스템이 그 역

* 여기에도 단절은 있습니다. 김기영의 명성은 스러진 적이 없고 이 감독을 바라보는 관점이 크게 바뀐 적도 없습니다. 하지만 지금의 컬트적 명성은 1997년 부산국제영화제 회고전 이후 시작되었다고 보는 게 맞습니다. 새로운 세대의 관객들은 이때부터 완전히 리셋된 상태에서 김기영 영화들을 해외의 거장 작품을 보듯 보기 시작했어요.

할을 했지요.

1990년대는 이 모든 게 한꺼번에 붕괴되는 시기였습니다. 일단 스크린 쿼터 사수와 영진위를 둘러싼 신구 갈등이 있었지요. 이 시기 동안 일어난 사건은 대숙청에 가까웠습니다. 절대로 바뀔 리 없을 것 같았던 군대적인 위계질서 위에 있던 수많은 '선배' 영화인들이 순식간에 사라져 버렸습니다. 이들의 갈등은 그 뒤에도 이어졌는데, 관객들의 입장에선 별 의미 없는 집안싸움이었지요. 나이든 영화인들은 존재하지 않는 사람들이었으니까요. 영화를 만들지도 않고 만들 수도 없는 옛날 사람들이 우리와 무슨 상관이랍니까. 우린 이제 그 사람들이 만든 영화를 보지도 않는데요.

그러는 동안 업계의 환경과 관객들의 취향도 바뀌었습니다. 아니, 관객들의 취향은 이미 앞지르고 있었는데, 그동안 영화계가 따라잡지 못했고 그 시기에 나름 정상화가 이루어진 것이지요. 1970년대와 1980년대의 한국 영화계는 경직되어 있었고 뒤처져 있었고 많이 추했습니다. 아니, 이건 당시에 훌륭한 영화나 인기 있는 영화가 없었다는 건 아닙니다. 80년대를 대표했던 이장호, 배창호, 임권택과 같은 감독들은 지금 봐도 부러운 흥행 성적을 과시했고 이들이 만든 영화의 상당수는 훌륭했습니다. 한국 영화가 굵직한 국제 영화제에서 수상작을 내기 시작한 것도 이 시기였고요. 하지만 한 시대의 풍경을 그리는 건 맨 앞의 대표작들만이 아닙니다. 시시한 영화나 평범한 영화 역시 그 풍경의 일부지요. 그리고 당시엔 홀륭한 영화들도 극복하지 못하는 시대의 냄새랄까, 그런 게 있었습니다. 한국 영화는 전체적으로 추레했어요.

이 시기는 지금의 대부분 관객이 넘기 힘들어하는 허들입니다. 전 옛날 한국 영화가 궁금한 사람들을 만나면 1960년대 작품부터 시작하라고 제안합니다. 그 이유는 간단한데, 적어도 할리우드 고전 영화에 익숙한 관객이라면 당시 영화들을 훨씬 수월하게 볼 수 있기 때문이지요. 대사와 사고방식이 낡았고 배우들의 외모가 취향이 아닐 수는 있는데, 1960년대에 나온 '좋은 영화들'에는 그 이후의 영화에서는 찾기 어려운 고전의 세련됨이 있습니다. 심지어 같은 감독의 영화여도 마찬가지예요. 이만희의 〈마의 계단〉과 〈삼각의 함정〉을 비교해 보세요. 둘 다 어처구니없는 영화이고, 후자가 아주 매력 없는 영화라고도 말은 안 하겠는데, 〈마의 계단〉을 손톱 씹으며 진지하게 본 관객들도 〈삼각의 함정〉의 허술함엔 코웃음을 칠 거라 생각합니다. 김기영의 〈하녀〉와 〈화녀〉는 비슷한 이야기를 하고 있지만, 전자는 세련된 고전이고, 후자는 어처구니없는 괴작입니다. 둘 다 재미있게 볼 수 있지만, 그동안 환경이 바뀌었다는 생각이 들지 않을 수 없습니다.

여러 가지 이유가 있겠지요. 예를 들어 같은 시대 텔레비전 드라마와 비교하면 한국 영화는 동시대 사람들의 언어와 사고방식을 따라잡지 못하는 것처럼 보입니다. 전문 성우에게 목소리 연기를 맡겨 더욱 그랬을 거예요. 성우의 연기는 대부분 인위적인 양식 안에 굳어지는 경우가 많으니까요. 1960년대엔 자연스러웠을 수도 있는 스타일이 1980년대엔 아니었던 겁니다. 유달리 빨리 변하는 한국 사회 속에서 이는 굉장히 갑갑하게 보였지요. 그리고 이 갑갑함은 성우 녹음이 사라진 뒤에도 남았습니다. 대숙청 이후 활동한 이전 세대의 감독들, 그러니까 임권택, 이장호, 신상옥, 하명중이 그 이후에 만든 영화들을 보세요. 동시대 배우들을 기용해 동시대의 이야기를 해도 대사나 캐릭터가 이상할 정도로 튀어요. 그들에겐 동시대 사람들이 어떻게 생각하고 말하고 행동하는지 잡아낼 수 있는 눈과 귀가 없습니다. 심지어 당사자성이 있는 동시대 노인을 그릴 때도요. 어느 시점부터 과거에 갇혀 버린 거예요. 이게 가장 극단적으로 노출된 작품이 신상옥의 유작 〈겨울이야기〉가 아닌가 해요.

당시는 쉽게 촌스럽고 천박할 수 있는 시대이기도 했습니다. 전 세계가 그렇지 않았던가요. 하지만 한국에서는 그 부작용이 좀 더 컸습니다. 아무래도 분단 상황과 군사 독재 시절의 삭막한 환경이 이 천박할 수도, 신선할 수도 있었던 시대를 그냥 천박하게만 만들어 버린 거 같아요. 시대의 흐름을 따라 천박해지긴 했는데, 이 천박함이 당시 충무로를 지배하고 있던 그 시대 남자들의 끔찍함을 노출시킨 것으로만 끝났던 겁니다. 이 시기엔 차라리 텔레비전이 더 견딜만 했습니다. 텔레비전에 나오는 배우들은 성우를 거치지 않으며 보다 자연스러운 대사를 읊었고 상대적으로 더 쿨해 보였습니다. 지금은 텔레비전과 영화 연기의 차이가 거의 느껴지지 않지만 당시에 둘은 전혀 다른 예술이었습니다. 끈적거리는 섹스가 없는 것도 장점이었습니다. 앞 챕터에서도 말했지만, 이 당시 남자들은 대체로 몸 관리를 안 했고 섹스는 강간처럼 그려졌으니까요. 70~80년대 한국 드라마를 보면 지금 드라마들과 연기와 대사와 연출의 연속성이 있습니다. 옛 시대의 사고방식에 젖어 불편하지만 그래도 연결은 된단 말이죠. 하지만 영화는 중간에 도끼로 찍은 것처럼 흐름이 끊겨 있죠.

지금의 창작자와 관객들에게 옛날 한국 영화는 명절 때만 얼굴을 보는 남자 친척 어르신 같습니다. 가까운 건 알겠는데 그렇게 가깝고 싶다는 생각은 안 들고, 이들이 내세우는 권위는 먹히지 않지요. 60년대 영화가 이후 영화보다 오히려 더 보기 편한 것도 그 때문일 거예요. 그때가 한국 영화 르네상스이기도 했지만, 무엇보다 적절한 거리감이 느껴지거든요. 전 지금의 젊은 감독들이 같은 시기의 한국 감독 대신 에드워드 양, 허우샤오시엔, 오즈 야스지로와 같은 인근 국가 감독들의 작품을 더 많이 보고 직접적인 영향을 받는 것도 그 때문이 아닌가 싶어요. 다른 이유도 있긴 하겠지요. 예를 들어 동시대 여성과 어린이를 다룬 사실적인 영화를 만들려는 감독들에게 임권택은 그렇게 좋은 레퍼런스가 못 돼요. 그리고 재벌집 동성애자 며느리를 그리고 싶어하는 〈마인〉의 작가와 연출자들이 어디서 레퍼런스를 얻을 수 있겠어요. 잘 챙겨 보지도 않겠지만, 옛 한국 영화엔 적절한 레퍼런스가 없어요. 바깥으로 가야죠. 이들이 〈타오르는 여인의 초상〉과 〈캐롤〉 말고 다른 영화들도 조금 더 챙겨 봤다면 좋았겠지만요.

하여간 지금의 창작자들이 하고 싶은 이야기에 레퍼런스를 제공해 줄 수 있는 옛 한국 영화는 많지 않습니다. 더 가까운 곳에 더 쉽게 가져올 수 있는 외국 영화들과 감독들이 있어요. 마틴 스코세이지, 쿠엔틴 타란티노, 에드워드 양, 구로사와 아키라, 아녜스 바르다, 장 뤽 고다르, 스티븐 스필버그, 에릭 로메르가 임권택보다 훨씬 가깝습니다. 그리고 지금의 한국 영화들은 그 계보 안에서 더 쉽게 설명되지요. 봉준호와 윤여정의 아카데미 수상 소감에 들어간 이름들이 이 상황을 간단히 요약한다고 하겠습니다. 스코세이지, 타란티노 그리고 김기영. 심지어 봉준호는 타란티노를 형님이라고 부르지요.

그래도 이 상황이 여전히 잘못되었다는 생각이 들지 않을 수 없습니다. 일단 한국 사람들은 한국 영화를 가장 잘 이해할 수 있는 관객입니다. 좋은 면만 아니라 나쁜 면과 평범한 면도 가장 잘 이해할 수 있지요. 이 텍스트들이 버려지는 건 그냥 낭비입니다.

사람들이 갖고 있는 옛날 한국 영화들에 대한 선입견이 영화를 충분히 보지 않은 상태에서 이루어지고 있다는 것도 문제입니다. 옛 한국 영화를 보는 경험은 안 본 관객들이 생각하는 것보다 훨씬 재미있습니다. 작품 자체가 좋을 때도 있지만, 꼭 영화 자체가 좋거나 재미있지 않아도 경험 자체는 재미있을 수 있어요. 예를 들어 70~80년대는 한국 영화계가 정말 말도 안 되는 괴작들을 양산하던 시기여서 적어도 한국 관객들에게는 〈록키 호러 픽쳐쇼〉를 능가하는 감상이 가능합니다. 하여간 적절하게 선정된 옛 한국 영화 프로그램에 대한 관객들의 반응은 늘 기대 이상입니다. 그건 옛 한국 영화들이 사람들이 생각하는 것보다 훨씬 다양한 스펙트럼을 품고 있다는 뜻이에요. 아, 그리고 브라이언 드 팔마의 영화를 다 챙겨 보는 한국 시네필이 배창호의 〈적도의 꽃〉을 안 본다는 건 그냥 심각하게 잘못된 것이잖아요. 심지어 요샌 접근성도 괜찮아요. 최근 들어 수많은 옛날 한국 영화들이 VOD와 OTT에 올라왔으니까요. 좀 더 옛날 영화들이 있으면 좋겠지만.

무엇보다 역사의 기록은 살아 있을 필요가 있습니다. 앞에선 여러 차례 리스트 이야기를 했는데, 한국 영화를 비교적 안전하고 만족스럽게 여행할 수 있는 리스트들은 이미 존재합니다. 하지만 이들은 직접 영화를 본 새로운 세대의 관객들에 의해 꾸준히 업데이트되어야 해요. 평론가들과 영화사가의 의견도 중요하지만, 이 둘의 의견만 다룬다면 차원이 하나 빠진 것이지요. 그러려면 리스트 바깥의 영화들도 챙겨보는 모험적인 관객들과 그들을 돕는 환경이 조성되어야 합니다. 그렇다고 해도 델 토로가 상상한, 현대의 젊은 관객이 1950~60년대에 나온 한국 멜로드라마를 보면서 감상에 젖는 일은 극히 드물게 일어나겠지만, 그래도 다른 나라와 언어권 사람들에겐 불가능한 감상과 경험으로 우리의 세계는 더 풍요로워지겠지요.

• 〈여곡성〉, 〈깊은 밤 갑자기〉, 〈소나기〉

세 편의 한국 영화를 소개합니다. 〈여곡성〉, 〈깊은 밤 갑자기〉, 〈소나기〉. 이들은 모두 그 극악한 1970, 80년대에 만들어졌지만, 별다른 지원 없이 스스로의 힘으로 이후 세대 관객을 얻은 작품들입니다. 이건 정말 드문 예예요.

이혁수의 〈여곡성〉은 전형적인 컬트 영화의 순서를 밟았습니다. 1986년 개봉되었을 때에는 아무도 이 영화에 주목하지 않았고 본 사람도 별로 없었습니다. 하지만 이 영화는 텔레비전으로 방영되고 비디오로 출시되면서 조금씩 팬을 모아갔습니다.

내용은 익숙한 〈전설의 고향〉입니다. 아들이 혼인 첫날밤 급사하는 저주에 걸린 집안에 젊은 여자가 며느리로 들어온다는 이야기입니다. 아들은 죽지만 며느리는 임신하는데, 시어머니가 그 집을 저주한 귀신에 들립니다. 그리고 신나는 고부간의 전쟁이 시작되죠.

굉장히 천박하게 재미있는 영화입니다. 세련된 영화가 될 생각은 티끌만큼도 없어요. 이 영화의 매력은 혐오와 공포, 통쾌함을 자극하려는 그 원초적이고 뻔뻔스러운 접근법에 있습니다. 시어머니의 기괴한 분장, 지렁이 국수, 며느리 가슴의 문신에서 나오는 레이저 광선 같은 거요. 이런 영화가 한둘이 아니었지만 〈여곡성〉은 그중 재미있었고 무엇보다 운이 좋아서 입소문을 통해 컬트 영화의 스토리텔링을 갖추게 되었지요.

뒤의 두 영화에 비해 〈여곡성〉은 접근성이 조금 떨어지는 편입니다. 대부분 사람들은 형편없는 화질의 팬앤스캔 버전으로 이 영화를 보았어요. 그런데 전 팬앤스캔 버전이 영상자료원에서 본 와이드스크린 필름 버전보다 더 좋았어요. 팬앤스캔 버전을 본 관객들이 더 많을 테니, 이들에겐 이게 더 오리지널일 수도 있다는 생각이 들었습니다.

아, 현대 관객들에게 기괴한 개성처럼 보일 수 있는 것은 사실은 한국 호러 영화의 전통을 따른 것입니다. 시어머니가 뱀파이어처럼 행동하는 것요. 1960년대 이후 한국 영화는 해머 호러 영화에서 결정적인 영향을 받았고 그 때문에 한동안 모든 한국 귀신은 뱀파이어 송곳니를 갖게 되었습니다. 그래야 할 이유가 없는데도 그냥 그랬어요.

〈깊은 밤 갑자기〉는 세 편 중 가장 국제적으로 유명한 영화입니다. 얼마 전에 해외에서 블루레이도 나왔어요. 김영애, 윤일봉처럼 잘 알려진 배우도 나오고요. 이 영화를 만든 고영남은 〈소나기〉의 감독이기도 하지요. 전혀 다른 성격의 영화들인데, 둘 다 다른 방식으로 재미있어요.

이 영화는 야심도 큽니다. 평범한 처녀귀신이 나오는 익숙한 호러 영화가 아니에요. 중산층 가족에 젊은 시골 여자가 입주 도우미, 그러니까 가정부로 들어오고 아내가 가정부와 남편 사이를 의심한다는, 정말 70~80년대스러운 설정에서 시작되긴 하는데, 질투와 두려움으로 서서히 망가지는 아내의 내면을 호러 영화 재료들을 통해 예술 영화스럽게 그린다는 야심은 이 영화에서 나름 독특한 모습으로 완성된 것이죠. 고영남은 분명 직접적 영향을 받았을 폴란스키 같은 오퇴르auteur는 아니었으니 드러나는 개성이나 스타일은 없는데, 그래도 이 영화를 위해 가져온 영화적 어휘가 풍부하고 김영애의 연기가 좋아서 결과물이 재미있습니다. 그리고 이게 재미있고 이상한 영화를 찾는 새로운 세대 장르 관객들의 눈에 들어왔어요.

그리고 좀 재미있게 나이를 먹은 경우예요. 이 영화를 구성

〈깊은 밤 갑자기〉(1981)

하는 사고방식이나 언어 습관은 분명 낡았어요. 하지만 이렇게 폭주하는 영화에서는 그런 낡은 느낌이 어처구니없는 매력으로 보입니다. 윤삼육의 각본에서는 옛날 한국 중년 남자가 한국 기혼 여성의 내면을 서툴게 상상하는 티가 노골적으로 드러나고, 세월이 흐르면서 그게 더 심해지는데, 그걸 놀려댈 수는 있지만 그럼에도 불구하고 그 경험이 재미있다는 사실은 바뀌지 않는 거죠. 나이듦에 있어서 어떤 영화는 다른 영화보다 운이 좋습니다.

앞 두 편과는 달리 〈소나기〉는 문예 영화에 속합니다. 전국민이 한 번 이상 읽어봤고 지금도 꾸준히 각색되고 있는 황승원의 단편 소설이 원작입니다. 이 영화는 원작의 명성 때문에 꾸준히 텔레비전으로 방영되면서 새로운 팬들을 얻어갔어요.

단지 영화는 두 가지 면에서 다른 각색물과 큰 차이가 있습니다. 일단 영화는 동시대, 그러니까 1970년대 말로 시대배경을 옮겼어요. 문예 영화의 우아함 대신 당시 난폭하고 거친 당시 아이들, 특히 남자 아이들의 모습을 그대로 담는 쪽을 택했고요. 이 거침을 각색자들이 얼마나 의식했는지 모르겠어요. 예를 들어 이 아이들의 성차별적인 태도는 지금 관객들이 훨씬 잘 잡아낼 거라고 생각합니다.

다른 하나는 에로티시즘입니다. 정갈하기 짝이 없는 다른 각색물과는 달리 이 영화는 남자 아이가 여자 아이를 만나 성적인 욕망에 눈뜨는 과정을 그리겠다는 욕망을 감출 생각이 없어요. 물론 이런 이야기는 충분히 할 수 있습니다. 하지만 그 과정을 그리는 카메라가 주인공인 어린 여자 배우의 몸을 성인 남자의 눈으로 관찰할 때는 걱정이 되지 않을 수가 없습니다. 시골 마을의 자연과 에로티시즘을 섞는 방식은 〈앵무새 몸으로 울었다〉와 수상쩍을 정도로 가깝고요.

여전히 인상적인 영화이고, 황순원의 이 단편을 각색한 작품 중엔 최고일 텐데, 전 이 작품이 386세대의 컬트 영화로 호명되어 불려나올 때마다 좀 수상쩍다는 생각을 하지 않을 수 없습니다. 특히 이들이 뻔뻔스럽게 이 영화를 꺼내 '아청법이 없던 시절'을 향수할 때는요. 그러고 보니, 이 영화를 '재발견'한 이들은 벌써 586세대가 되었군요.

• 옛날 연기

옛날 영화의 감상을 막는 장애물 중 하나는 옛날 배우들의 구식 연기입니다. 한국 관객들은 유달리 여기에 민감하지요. 한국어와 언어 습관은 비교적 빨리 변했고 여기에는 후시 녹음 성우 연기의 장애가 있었으니까요. 옛날 한국 영화들을 보면 사람들이 왜 저렇게 말하고 행동하는 사람들을 매력적으로 생각했는지 이상할 때가 있습니다. 당시 배우나 성우의 연기 스타일은 그냥 구식일 뿐만 아니라 당시 여자들과 남자들이 어떻게 말하고 행동하는지에 대한 당시의 기준을 담고 있기 때문에 더 불편할 때가 있습니다.

옛 영화에 대한 접근성이 우리보다 높고 언어나 문화의 변화도 우리처럼 급작스럽지 않은 영어권 사람들에게도 옛 배우들의 연기는 이상하게 보입니다. 예를 들어 옛 할리우드 배우는 1950년대까지 트랜스아틀랜틱 악센트라는, 영국식 영어와 미국식 영어 사이의 인위적인 억양을 구사했어요. 실제 세계에서 이런 억양으로 말하는 사람이 없는 건 아닌데, 그래도 이상하게 들리는 건 마찬가지지요. 그동안 연기 스타일도 바뀌어서 옛 배우들의 연기는 종종 인위적이고 어색하게 보입니다. 그래서 영화 연기는 세월이 흐르면서 발전한다고 믿는 사람들이 있습니다. 그러니까 베티 데이비스의 연기가 발전해서 메릴 스트립 연기가 된다는 것이죠.

이건 사실이 아닙니다. 제가 말했잖아요. 사람들은 비교적 빠른 시간 안에 그 시기에 맞는 최고의 지점에 도달합니다. 세월이 흐르면서 성장하는 것은 다양성입니다. 베티 데이비스와 메릴 스트립은 그 시대에 맞는 최선의 연기를 했을 뿐이지요. 메릴 스트립이 〈소피의 선택〉의 연기를 〈제저벨〉에서 했다면 어울렸을까요.

수많은 훌륭한 연기가 다양한 시대와 공간에 펼쳐져 있습니다. 전 앞에서 〈메닐몽탕〉의 나디아 시비르스카야를 언급했습니다. 유튜브로 벤치 장면을 확인해 보세요. 여러분 대부분이 제목을 처음 들었을 영화에 나오는 이 낯선 이름의 배우가 보여 주는 수치심과 고통과 고마움의 절절한 표현에서 더하거나 개선할 게 있나요? 다양한 문화 속, 다양한 시대의 영화를 탐험하며 여러분은 오로지 그 시공간에서만 가능했던 수많은 정점을 발견하실 수 있을 겁니다. 그중 일부는 언어와 문화의 장벽에 막히겠지만 여러분이 얻을 수 있는 즐거움의 양이 줄어드는 일은 절대로 없습니다. 그건 수학적으로 불가능하지요.

여기에는 재해석의 즐거움도 있습니다. 앞의 '나쁜 남자' 챕터에서 이야기했지만, 옛 사람들이 남자들의 매력이라고 여겼던 것 중 상당수는 지금은 매력을 잃었습니다. 하지만 그 때문에 표면적인 매력 속에 숨겨져 있던 다른 연기가 더 적나라하게 드러나기도 합니다. 그건 불편할 수도 있지만 흥미로울 수도 있는 경험입니다. 사실 몇몇 배우들은 그 때문에 더 재미있어 보이기도 하거든요.

이건 후시 녹음 시대의 한국 영화도 마찬가지입니다. 후시 녹음이 시대와의 어울림과 연기 다양성을 막는 장애였다는 생각을 바꿀 생각은 없습니다. 여러분도 지금 배우들이 훨씬 다양한 경험을 제공하고 있다는 사실을 부인하지는 못할 거예요. 예를 들어 최근 홍상수 영화에서 김민희가 보여 주는 연기는 후시 시절엔 불가능한 것이죠. 하지만 그 시기에도 그때만 가능했던 수많은 정점들이 있습니다. 그중에는 오직 배우와 성우의 협업을 통해서만 가능했던 특별한 지점도 있었겠지요.

무엇보다 모든 연기가 정점을 찍을 이유는 없습니다. 특별함 없이 그냥 그 시대와 영화에 맞추어 존재하기만 해도 충분한 수많은 배우와 연기들이 있고 그들만이 주는 즐거움이 있습니다. 그리고 그건 직접 보고 들으면서 알아내야 하는 것이죠. 언어를 통해 전달할 수 있는 정보는 한계가 있으니까요.

• 〈마의 계단〉, 〈귀로〉

두 편의 이만희 영화를 소개합니다. 1964년작 〈마의 계단〉
과 1967년작 〈귀로〉요. 둘 다 문정숙과 김진규 주연이고요. 단
지 내용과 분위기는 머리끝부터 발끝까지 다릅니다. 두 작품
모두 최근에 복원되었는데 〈귀로〉의 복원판은 이 책의 원고를
다듬고 있는 지금에도 블루레이로 나와 있지 않습니다. 한국
영상자료원의 유튜브엔 이전의 저해상도 버전만 있을 뿐이고
요. 이 상황은 곧 해결되겠지요.

〈마의 계단〉은 호러 스릴러입니다. 남자 주인공인 광호는
의사인데, 병원 원장의 데릴사위가 되기 직전입니다. 여긴 작
은 문제가 있었으니 같은 병원 간호사(당시엔 간호원이라고 불렀
지요) 진숙과 몰래 사귀는 사이였으니까요. 광호는 진숙이 가
진 아이를 낙태시키고 진숙도 살해하지만 시체가 사라집니다.
그리고 온갖 무서운 일들이 일어나요.

독창성은 티끌만큼도 없는 이야기입니다. 논리도 엉망이고
요. 앙리 조르주 클루조가 〈디아볼리끄〉(1955)를 낸 뒤로 이와
비슷한 이야기는 전 세계에서 쏟아져 나왔어요. 광호의 입장

은 드라이어의 『아메리카의 비극』을 연상시키는데 이 작품을 융통성 있게 각색한 영화 〈젊은이의 양지〉(1951)도 국내에선 친숙한 작품이었지요. 그리고 이 영화는 당시 한국 영화에서는 지나칠 정도로 과도했던 한국 남자의 욕망을 담고 있습니다. 부잣집 딸과 결혼해서 팔자를 제대로 고치겠다는 신데렐라 판타지요. 사람들은 1990년대 한류 드라마의 여자 주인공들을 놀려대면서, 이 남자들에 대해서는 아무 이야기도 하지 않더군요.

하지만 평범한 이야기는 오히려 이야기꾼의 특별함을 드러내는 통로이기도 하지요. 〈마의 계단〉은 거의 바로크적인 다채로운 영화적 즐거움을 가진 재미있는 스릴러 영화이고 긴장감도 장난이 아닙니다. 그리고 이것이 굉장히 1960년대스러운 한국적인 언어로 표현되고 있어요. 예를 들어 계단의 활용이 그렇지요. 당시 한국 건축 구조에서 계단은 지금보다 더 선명한 상승과 추락의 의미를 가지고 있었습니다. 김기영의 〈하녀〉가 나온 뒤로는 다른 식으로 읽기 어려워지기도 했고요. 무엇보다 이 영화는 신분 상승을 꿈꾸는 이기적인 남자(이 자체는 흔해빠졌는데)가 1960년대 한국인일 경우 가능한 치사함을 정말 적나라하게 그리고 있습니다. 여기엔 광호 역의 배우 김진규의 역할이 큰데, 이에 대해서는 밑에서 더 이야기를 하겠습니다.

〈마의 계단〉과는 달리 〈귀로〉는 정통 멜로드라마입니다. 이 책 뒤에서 전 여성 대상 영화라는 할리우드 장르에 속한 영화들에 대해 이야기할 텐데, 할리우드 영화는 아니지만 〈귀로〉도 여기에 포함되어야 하지 않나 싶습니다.

〈마의 계단〉이 〈디아볼리끄〉에서 재료를 가져왔다면 〈귀로〉는 한국판 『채털리 부인의 연인』입니다. 주인공 지연은 한국전쟁 때 반신불수(라고 쓰고 성불구라고 읽습니다)가 된 남편 한대위와 인천에서 살고 있습니다. 남편이 쓴 재미없는 신문 소설의 원고를 서울의 신문사로 가져가는 외출이 이 사람의 유일한 탈출구예요. 그러다 지연은 신문사에서 젊은 강기자를 만납니다. 로렌스 소설의 적나라한 정사는 기대할 수 없겠지만 그래도 이 연애로 뭔가 풀리지 않을까요.

이 영화에서도 이야기를 이끄는 건 한국적인 특성입니다. 한대위는 자신의 남성성을 잃었던 한국전쟁에 몸과 정신이 모두 갇혀 있는 사람입니다. 이후의 인생전체가 이를 테마로 한 그랑 기뇰이예요. 전 성불구인 남편 때문에 괴로워하는 이성애자 커플 이야기를 볼 때마다 늘 놀려먹고 싶은데, 이 영화에서는 이 우스꽝스러움을 자발적으로 극대화하고 있어서 제가 끼어들 구석이 없습니다.

한대위는 이번에도 김진규가 맡았습니다. 1960년대 한국 관객들에게 김진규는 한국의 캐리 그랜트였습니다. 잘생기고 정중한 신사 이미지로 유명했던 배우였고 여러분은 〈사랑방 손님과 어머니〉에서 당시 사람들이 보았던 김진규의 모습을 볼 수 있습니다.* 하지만 지금의 관객들에게 그 신사답고 멀쩡한 이미지는 큰 의미가 없습니다. 〈하녀〉, 〈마의 계단〉, 〈귀로〉를 연달아 보면 더욱 그렇습니다. 김진규는 동시대 한국 남자들의 비겁함, 치사함, 옹졸함 그리고 억울함을 그리는 데 정말 뛰어난 배우였습니다. 막연히 보편적으로 통하는 좋은 연기를 한 게 아니었어요. 정말 그 배우가 존재했던 시공간의 분위기를 절묘하게 표출했지요. 어디까지가 연기인지 궁금할 정도죠. 일부는 정말로 연기가 아닐 겁니다. 옛날 사람들에겐 별게 아니었던 일상적 표현이 지금 사람들에겐 다르게 보이고 그 때문에 과거의 속내가 노출되는 일은 흔하니까요. 다른 시대 배우를 보는 재미 일부는 거기에 있는 거지만.

하지만 〈귀로〉의 주인공은 지연 역의 문정숙입니다. 앞에서 언급한 〈마의 계단〉도 피해자이며 복수의 여신인 진숙을 연기한 문정숙이 없었다면 완성될 수 없는 영화였죠. 여러분이 문정숙을 본 적이 없다면 한국 영화사의 가장 인상적인 풍경을 놓치고 지나간 겁니다. 문정숙의 연기는 김진규처럼 그로테스크하게 과장되어 있지 않습니다. 불필요한 디테일이 없이 위엄 있고 엄숙하고 비극적입니다. 무엇보다 보편적이지요.

이들의 연기를 지금 배우들의 연기와 비교해 줄을 세우는

---

* 영화 속 이미지가 그랬다는 말입니다. 실제로 어떤 사람인지 알고 싶으면 오랜 기간 동안 아내였고 동료 배우이기도 했던 김보애와 같은 주변 사람들의 이야기를 들어주는 게 좋습니다. 제 의견을 말하라면, 누군가가 한시대를 대표하는 배우라는 건 주변 사람들이 희생하거나 손해를 보아야 할 어떤 이유도 되지 않는다는 것입니다.

〈귀로〉(1967)

건 무의미한 일입니다. 제가 말할 수 있는 건 이들이 오로지 그 시대를 살던 사람들만이 직접 경험할 수 있었던 시대의 분위기를 알았고 그것을 그 시대 사람들만이 가능했던 연기를 통해 우리에게 전달했다는 것입니다. 그것은 1960년대 한국 사회의 정확한 재현은 아닙니다. 하지만 당시 한국에서 영화를 만들던 사람들의 내면을 정확하게 반영하고 있지요.

• 안드레이 타르콥스키 대 엘다르 랴쟈노프

영화에 대해 잘 모르는 사람들도 안드레이 타르콥스키에 대해서는 압니다. 위대한 19세기 러시아 소설가들의 뒤를 잇는 위대한 20세기 러시아 예술가. 구소련 당국과의 끊임없는 불화. 끝없이 이어지는 롱테이크. 영화의 시인. 한없이 느리고 무겁고 어둡고 난해하고 잘난 척하고 무지 러시아적인 영화들. 마지막 문장을 수정하고 싶긴 합니다. 타르콥스키의 영화는 의외로 재미없지가 않아요. 유명한 〈노스텔지아〉(1983)의 롱테이크도 관객들의 집중을 유도하는, 서스펜스가 넘치는 장면입니다. 국내에서 〈희생〉(1986)이 흥행 성공을 거두었던 것도 그 영화가 그렇게까지 재미없지는 않았기 때문이고요. 하지만 러시아 평론가 발레리 키친이 "독특한 리듬으로 영화 '미식가'들의 입맛을 충족시켜 주거나 지루함으로 눈꺼풀을 무겁게 만든다거나 영원히 정지한 듯한 화면을 보면서 관객들이 저마다의 사색에 빠지도록" 하는 영화에 대해 언급했을 때 거의 모든 사람들은 안드레이 타르콥스키를 떠올렸을 거예요.

그런데 엘다르 랴쟈노프는 누구죠? '유식한 척하려고 잘 알려지지 않은 이상한 영화감독 한 명을 데려왔구나'라고 생각하시는 분들도 있겠지요. 전 이 책을 읽는 독자 대부분이 랴자노프가 누군지 모를 거라 생각하고 글을 쓰고 있기 때문에 유식한 척하고 있다는 지적은 맞습니다. 하지만 랴자노프는 '잘 알려지지 않은 이상한 감독'이 아니에요. 반대로 아주 유명하고 인기있고 중요한 사람입니다.

타르콥스키의 영화를 한 편도 안 본 러시아 사람들은 많을 거예요. 아트하우스 영화의 관객들은 제한되어 있으니까요. 하지만 랴자노프의 텔레비전 영화 〈운명의 아이러니〉(1975)를 안 본 러시아 사람들은 드뭅니다. 연말마다 여기저기 방송국에서 틀어 주는 영화거든요. 러시아 사람들이 〈운명의 아이러니〉를 본 횟수는 나이와 일치한다는 말이 돌 정도입니다. 수많은 러시아 사람들이 이 영화에 나오는 대사들을 암기하고 이는 현대 러시아 문화의 일부입니다. 첫 장편인 〈카니발의 밤〉도 역시 연말에 인기 있는 영화지요. 1966년작 〈차조심〉의 경우, 주인공인 차도둑 유리 데토치킨의 인기가 워낙 좋아서 사마라에 2012년에 동상이 세워지기도 했어요. 대머리 이혼남과 모태 솔로 직장 상사의 사내 연애를 다룬 〈오피스 로맨스〉 같은 영화는 지금도 수많은 젊은 컬트 팬들을 거느리고 있지요. (얼마 전에 현대 배경으로 리메이크가 되었는데, 아, 이 멍청이들은 두 주인공 역에 모두 예쁘고 잘생긴 배우들을 캐스팅하는 바보짓을 저지르고 말았습니다!) 그러니까 랴자노프는 시대를 초월해 굉장히 인기있고 유명하고 중요한 사람입니다. 단지 그 인기가 러시아와

<운명의 아이러니>(1975)

그 주변 국가로 제한되어 있을 뿐이지요.

왜 다른 나라 사람들은 랴자노프를 잘 모를까. 앞에서 언급한 키친의 글도 사실은 랴자노프에 대한 문장인데, 이번엔 온전하게 다시 인용해 보겠습니다.

"이른바 작가주의 영화 관점에서 보자면, 그의 영화는 지나치게 단순했다. 그의 영화는 영화제와는 전혀 맞지 않았다. 독특한 리듬으로 영화 '미식가'들의 입맛을 충족시켜 주거나 지루함으로 눈꺼풀을 무겁게 만든다거나 영원히 정지한 듯한 화면을 보면서 관객들이 저마다의 사색에 빠지도록 하지 않았기 때문이다. 하지만 그의 영화는 가장 중요하며 영예로운 '관객'

이라는 경쟁 부문에서 승리했다.*"

그렇게까지 매력적인 소개 글은 아니지요. 저도 알아요. 이런 설명에 맞는 감독들은 많습니다. 할리우드에도 많고 우리나라에도 많죠. 그리고 흥행 성적은 영화의 질, 심지어 재미도 보장해 주지 않습니다. 우리나라 천만 영화 리스트를 봐도 알 수 있는 사실이지요.

하지만 랴자노프는 결코 무개성적인 예술가는 아니었습니다. 찰나적인 재미만을 추구했던 사람도 아니었고요. 이 사람의 영화는 분명한 개성이 있습니다. 〈잔혹한 로맨스〉 같은 고전 문학 각색물도 있지만, 랴자노프의 대표작들은 대부분 동시대, 그러니까 브레즈네프 시절을 배경으로 하는 코미디입니다. 단지 아주 밝지는 않아요. 온갖 어처구니없는 소동이 벌어지는 동안에도 당시 소련에서 살던 사람들을 억누르고 있는 멜랑콜리한 분위기가 남아 있습니다. 그와 함께 공산국가의 관료주의와 정치적 억압, 불경기, 심지어 계급 차별 속에서도 어떻게든 삶을 유지해 나가는 평범한 소련 사람들의 일상이 잘 담겨 있지요. 그러니까 당시 소련 사람들에 대해 알고 싶다면 타르콥스키보다는 랴자노프를 보는 게 올바른 선택입니다.

코미디는 국경을 넘어서기 어렵습니다. 각 문화권마다 고유의 말장난과 리듬, 허용 수위가 있으니까요. 저 역시 랴자노프

* 올레크 크라스노프, "러시아 국민감독 엘다르 랴자노프 88세 일기로 타계", 「러시아 비욘드」, 2015.12.01, https://kr.rbth.com/arts/2015/12/01/546211

가 의도한 농담을 많이 놓쳤을 거고 의도한 모든 것이 저에게 다 먹혔다고 생각하지도 않아요. 이 사람이 국제적 명성을 얻지 못한 것도 대표작 대부분이 코미디여서일지도 모르지요. 말이 났으니 하는 말인데, 러시아어 코미디를 자발적으로 보려는 관객들이 몇이나 되겠어요.

다른 이유도 있는데, 랴자노프가 비교적 체제 친화적인 인물이었다는 것입니다. 구소련 시절에 꽤 다작을 했어도 상영 금지를 먹은 영화가 평생 겨우 한 편. 수치스러울 정도죠. 우리가 이름을 아는 러시아 감독들은 대부분 모난 구석이 있습니다. 랴자노프에겐 그게 없었습니다. 당연히 대부분 해외 관객들은 이런 사람이 만든 영화는 재미가 없을 거라고 믿습니다. "그해 소련 흥행 1위"도 사실 별 매력은 없는 정보이고.*

* 말은 이렇게 했지만, 소련 영화 흥행 리스트는 은근히 재미있습니다. 철의 장벽에 막혀서 우리가 당연시하는 옛날 할리우드 영화 상당수가 들어오지 않았기 때문에 리스트에 속한 영화들이 좀 랜덤이거든요. 예를 들어 소련 역사상 가장 흥행에 성공한 영화는 <디스코 댄서>라는 1984년작 인도 뮤지컬 영화였습니다. 소련에서는 인도 영화의 인기가 아주 높았어요. 그래도 <디스코 댄서>는 다른 나라, 그러니까 아시아나 동구 유럽에서도 인기가 있었던 작품이었지만 <예세니아>라는 멕시코 영화의 인기는 아직도 이해가 안 됩니다. 집시 여자 주인공이 나오는 이 멜로드라마는 4년 후 뒤늦게 소련에 수입되었을 때 어마어마한 히트를 기록해서 당시 비영어권 영화 흥행 기록을 깨뜨렸어요. 인기 있는 히트작 중엔 미국 영화들도 있긴 있습니다. <황야의 7인>, <매케나의 황금>, <스파르타쿠스> 같은 작품들요. <매케나의 황금>은 미국의 흥행 실패를 소련 흥행 성공으로 커버했지요. 이에 대해서는 다음 챕터에서 조금 더 상세하게 다루겠습니다.

소련 자국 영화 중 히트작들은 대부분 액션물이나 코미디, 멜로드라마입니다. 이들 중 상당수는 할리우드 영화의 장르나 어법을 가져온 작품들이고요. 얼마 전에 우리나라에도 수입된 <파이널 크루: 칸우 탈출작전>은 소련 시절 히트작인 <에어크루>의 리메이크인데, 제목만 봐도 알 수 있지만, 당시 인기였던 할리우드 영화 <에어포트>의 짝퉁이에요. 관객들이 보고 싶어했던 건 장벽 양쪽이 다 비슷비슷했습니다. 설마 소련 사람들이라고 이상한 것만 봤겠어요.

하지만 아니거든요. 찾아보면 재미있고 가치 있는 영화들은 어디에도 있습니다. 심지어 스탈린 시절 정치 선전 영화 중에서도 재미있는 작품들은 있어요. 당시에 강요된 정치색은 지금 와서 보면 완전히 다른 식으로 해석될 수 있는데, 그 때문에 더 재미있어지기도 하지요. 그리고 랴자노프의 영화들은 그런 식으로 재해석할 필요도 없습니다. 당시의 풍자는 변형되지 않은 채 지금도 먹히고 자연스럽게 국경도 넘습니다. 오히려 당시 소련의 상황이 극단적이기 때문에 더 효과적인 이야기로 느껴질 수 있어요. 〈운명의 아이러니〉는 획일화되어 어딜 가도 비슷비슷한 소련 도시 환경에 대한 풍자로 시작합니다. 친구랑 공중 목욕탕에 갔다가 진탕 취한 남자가 실수로 레닌그라드에 갔다가 그만 모스크바의 자기 집과 똑같은 주소에 있는 똑같은 생긴 아파트로 들어간다는 이야기지요. 이건 70년대 소련에 대한 풍자이고 오로지 그 기괴한 시대에만 정확하게 먹히지만, 획일화된 도시 환경에 사는 다른 사람들도 충분히 공감하며 감상할 수 있지요.

이 이야기를 왜 하냐고요? 일단 랴자노프와 구소련 시절 영화들에 대해 짧게나마 이야기하고 싶었어요. 그리고 우리가 「사이트 앤 사운드」 리스트와 같은 경로를 통해 일반 교양으로 알고 있는 걸작 영화의 리스트는 실제 영화사의 극히 일부분만 건드릴 뿐이고, 옛날 영화의 영토는 우리가 생각하는 것보다 훨씬 방대하다는 것도 말하고 싶었지요. 다시 말해 모험의 재미가 있습니다. 마음의 문을 열고 다양한 경험의 가능성을 받아들인다면, 여러분이 낯선 공간, 낯선 시간 속에 속한, 존재의 가능성도 몰랐던 영화와 우연히 사랑에 빠질 가능성은 얼마든지 있어요

• 소련 영화들

소련 영화 몇 편 소개해 드릴게요. 걸작선 같은 건 아닙니다. 예이젠시테인이나 타르콥스키 같은 거장의 작품들은 일부러 뺐어요. 제가 이 리스트를 통해 보여 주고 싶은 것은 몇 십 년 동안 독특한 환경 속에서 존재했던 거대한 나라 속 영화 세계의 풍경입니다.

침대와 소파Bed and Sofa, Третья Мещанская(1927)

소련 영화라면 엄숙주의와 검열을 떠올리는 사람들이 많을 텐데요. 스탈린 이전까지만 해도 소련 영화인들은 상당히 자유로운 환경 속에서 작업을 했습니다. 아브람 롬이 감독한 이 영화는 한동안 음란한 빨갱이들이 만든 자유연애 이야기라며 유럽과 미국에서 금지되었습니다. 몇 십 년 뒤라면 상상 못할 일이었지요.

코미디입니다. 모스크바의 좁아터진 아파트에 신혼부부가 살고 있는데, 남편 친구가 찾아와요. 결국 아내는 이 두 남자 모두와 동침하는 사이가 되는데, 그만 임신을 합니다. 누가 아기 아버지인지 알 수 없자, 이 무책임한 남자들은 낙태를 종용하고요. 이 이야기를 매듭 짓는 건 아내의 선택입니다. 하여간 이 작품을 포함한 당시 영화들을 보면 한 가지 사실을 알 수 있습니다. 소비에트 러시아의 남성 동무들은 여성 동무들을 그리 공평하게 대우하지 않았습니다.

마을 선생님 The Village Teacher, Сельская учительница (1947)

이 리스트에 소개된 영화 중 가장 체제 순응적인 영화입니다. 이탈리아 시골 영화관이 배경인 에토레 스콜라의 〈스플렌도르〉(1989)를 보면 브레즈네프 시절 뻣뻣한 소련 관료들이 사회주의 리얼리즘의 걸작이라며 이 영화를 극장에 들고 오는 장면이 있어요. 볼 의욕이 팍팍 떨어지는 소리가 들립니다.

영화는 중후반까지는 의외로 좋습니다. 학교를 마치고 시베리아의 작은 마을로 가는 바랴라는 교사가 주인공이에요. 바랴는 정치엔 큰 관심이 없지만 교사로서 사명감을 갖고 있습니다. 차갑기 짝이 없던 마을 사람들은 점점 새로 온 교사를 이해하고 마음의 문을 열어요. 그리고 볼셰비키 혁명이 터집니다. 혁명 이후의 나라는 과연 바랴의 학생들에게 전엔 없었던 기회를 줄까요?

바랴를 사랑하지 않기는 어렵습니다. 오마 샤리프를 조금 닮은 (〈닥터 지바고〉의 캐스팅이 그렇게 어이없는 게 아니었어요!) 바랴의 혁명가 남자 친구가 위대한 모 혁명가에 대한 교조적인 대사를 읊으면서 분위기를 잠시 깬 해도 중간까지는 영화도 아름다워요.

그런데 이 분위기가 제2차 세계 대전에 이르면 완전히 깨집니다. 중년이 된 바랴는 더 이상 우리가 사랑했던 로맨틱한 학교 선생이 아니에요. 학생들에게 호전적인 연설을 하는 선동가지요. 다음 챕터에서 학생들의 존경을 받는 노교사로 등장하는 바랴는 정말 사람 머리를 긁적이게 합니다. 우리가 사랑했던 이 로맨틱한 교사가 어쩌다가 이런 로봇이 됐죠? 이게 사회주의 리얼리즘의 부작용인가요.

소련 영화에 자주 등장하는 테마가 〈마을 선생님〉에도 있습니다. 시베리아의 황무지로 가서 아름다운 문명 도시를 건설하겠다는 야망요. 이런 야망을 품은 사람들이 서부극에 빠진 것도 이해가 가요.

봄날 Springtime, Весна (1947)

같은 해에 나온 〈봄날〉은 배반당하지 않고 훨씬 편안하게 볼 수 있습니다. 이 영화는 로맨틱 코미디이고 뮤지컬이에요. 남자 주인공 아르카디는 과학자에 대한 영화를 찍으려는 영화감독입니다. 아르카디는 태양 에너지를 액체에 저장하는 기술을 연구하는 과학자 이리나를 주인공으로 삼고 이리나와 똑같이 생긴 오페레타 가수 베라를 캐스팅하는데, 당연한 일이지만 배배 꼬인 상황 속에서 이리나는 베라인 척하면서 아르카디를 만나게 됩니다.

두 가지가 눈에 띕니다. 하나는 어처구니없는 코미디와 달짝지근한 로맨스, 춤과 노래를 보면서 험한 현실을 잊고 싶다는 욕망은 철의 장막 저쪽에서도 마찬가지였다는 것입니다. 드문드문 보이는 복구 중인 모스크바의 풍경을 보면 더더욱 그런 생각이 들고. 다른 하나는 여성 과학자에 대한 대우입니다. 이 직업을 가진 여성 캐릭터를 제대로 대접하는 영화는 정말 드문데, 이리나는 로맨틱 코미디의 플롯 안에서도 과학자로서의 위엄을 잃지 않는 드문 캐릭터입니다.

부치지 못한 편지 Letter Never Sent, Неотправленное письмо (1960)

미하일 칼라토초프의 영화를 한 편 뽑아야 한다면 전 아무런 고민 없이 〈학이 난다〉(1957)를 뽑습니다. 소련 영화 최초로 황금종려상을 수상한 이 전쟁 멜로드라마는 주연 배우 타티

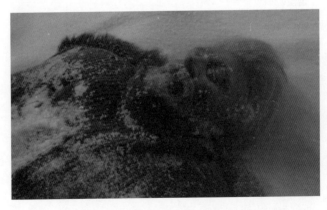

〈부치지 못한 편지〉(1960)

아나 사모일로바를 구경하는 것만으로도 본전을 뽑지만, 영화 자체도 환상적입니다. 정말 불법 약물이라도 복용한 것처럼 질주하는 카메라 워크와 실험적인 편집을 보고 있노라면 스탈린 시절에 이걸 못해서 얼마나 갑갑했나 싶어요.

하지만 오늘은 〈부치지 못한 편지〉 이야기를 할게요. 이 영화는 다이아몬드 광맥을 찾으러 시베리아로 파견된 네 명의 과학자 이야기입니다. 초반에 유일한 여자 과학자를 중심으로 한 삼각관계 이야기가 꽤 길게 이어지는데, 이건 별 재미없고요. 본격적인 액션은 이들이 광맥을 발견한 뒤에 벌어집니다. 산불이 나고, 무전기는 고장 나고, 그동안 주인공들은 길을 잃었습니다. 그리고 무시무시한 시베리아의 겨울이 다가옵니다.

〈부치지 못한 편지〉는 자연에 대한 인간의 도전을 통해 소비에트 인민의 불굴의 의지를 예찬하는 영화입니다. 하지만 우린 그런 것엔 관심이 없잖아요. 지금 관객들이 보는 건 불순한 목적으로 거의 외계 행성의 표면과 같은 시베리아의 대자연 속으로 뛰어든 침입자들이 초자연적인 환경 속에서 한 명씩 죽어가는 과정입니다. 거의 〈블레어 윗치〉스러운 호러예요. 지금과 같은 기후 변화의 시기엔 당연히 그들의 의도도 (이 영화에도 아름다운 시베리아 문명 도시 판타지가 나와요. 아아) 그렇게 좋게 보이지 않습니다. 제발 시베리아는 그대로 내버려두라고, 동무들!

차 조심 Beware of the Car, Берегись автомобиля(1966)

영화사상 가장 위대한 〈햄릿〉 배우를 뽑으라고 하면, 놀랄 만큼 많은 사람이 로런스 올리비에 대신 이노켄티 스모투놉스키를 뽑을 겁니다. 1964년에 이 배우가 출연한 그리고리 코진체프판 〈햄릿〉 역시 가장 훌륭한 〈햄릿〉 영화로 여겨지고 있지요. 이건 소련 배우 바실리 리바노프가 가장 인기 있는 홈스 배우로 여겨지는 것과 비슷한 현상입니다. 소련 사람들은 좋은 배우들이 나오는 양질의 고전 각색물들을 꾸준히 만들었고 이들은 종종 본국의 작품을 능가했어요.

엘다르 라쟈노프의 〈차 조심〉은 이노켄티 스모투놉스키가 두 번째로 햄릿을 연기하는 작품입니다. 단지 상황은 완전히 바뀌었어요. 스모투놉스키의 캐릭터 유리 데토츠킨은 약간 맛이 간 소련판 로빈 후드로, 보험사원으로 일하면서 부패한 소련 관리의 차를 훔쳐 판 돈을 고아원에 기부합니다. 그리고 차 도난 사건을 수사하는 포드베리오조비코프 경위는 데토츠킨과 같은 아마추어 극단에 소속되어 있습니다. 그리고 이들은 데토츠킨이 타이틀 롤을 맡은 〈햄릿〉을 연습 중이에요.

같은 배우가 연기한 이 두 햄릿을 비교해 보면 정말 애잔하다는 생각이 들지 않을 수 없습니다. 코진체프의 〈햄릿〉은 니키타 흐루쇼프의 실각으로 끝난 짧은 '해빙기'의 끝무렵에 만들어진 작품이었습니다. 〈차 조심〉은 브레즈네프 시절 초기의 작품이고요. 그동안 소련 사람들이 겪은 좌절과 실망 그리고 그 안에서도 자기에게 주어진 일을 하면서 어떻게든 살아가려는 의지가 읽힌달까요. 그게 정체가 폭로된 뒤에도 무대에 오른 데토츠킨의 서툰 햄릿에 반영되었을지도요. 물론 이건 21세기 외국인의 관점일 수도 있겠습니다.

내용이 어떻건, 정말 귀여운 영화입니다. 이 영화에 나오는 거의 모든 사람들이 (심지어 부패 악당도요) 어설픈 귀여움을 갖고 있습니다. 그리고 이 영화에는 제가 평생 본 것 중 두 번째로 귀여운 카 체이스가 나와요.*

다이아몬드 팔 The Diamond Arm, Бриллиантовая рука(1969)

랴자노프가 그런 것처럼, 레오니드 가이다이는 오로지 러시아에서만 엄청나게 유명한 감독입니다. 코미디 전문이었고 수많은 영화들이 소련 시절 흥행 1위를 했어요. 코미디가 대부분 그렇듯 이 영화들도 시대와 문화의 장벽을 쉽게 넘지 못하지만, 러시아 사람들은 여전히 가이다이의 영화를 좋아해요. 개인적으로 전 랴자노프의 영화 쪽이 더 좋습니다. 아마 코미디가 문화장벽에 막혀도 다른 것들이 장벽 너머로 흘러들어오기 때문이겠지요. 가이다이의 영화는 그에 비하면 코미디의 비중이 훨씬 높거든요.

〈다이아몬드 팔〉은 크루즈 여행을 갔다가 밀수꾼 일당의 음

---

* 첫 번째는 헨리 코넬리어스가 감독한 사랑스러운 고미디 <세네비에브>입니다. 이 영화도 챙겨 보세요.

모에 말려들어 보석이 숨겨진 석고 붕대를 하게 된 소련 회계사 이야기입니다. 소련 경찰은 밀수꾼을 잡기 위해 주인공을 미끼로 이용하고 악당들과 주인공은 온갖 슬랩스틱으로 범벅이 된 소동에 말려듭니다. 어둠이 거의 느껴지지 않는 호들갑스럽고 밝은 영화예요. 그렇다고 당시 소련 중산층 삶의 자잘한 결이 안 느껴지는 건 아닙니다. 그렇게 탈색된 영화였다면 코미디는 그냥 공허했겠지요.

어마어마한 우주여행A Great Space Voyage, Большое космическое путешествие(1975)

전 소련 SF 영화는 기회가 되는 대로 챙겨 보지만 남들에게 권하지는 않습니다. 대부분 재미없거든요. 이들이 그린 미래가 공산주의 유토피아이고, 그 안에서는 부정적인 갈등이 거의 존재하지 않기 때문에 그런 거 같아요. 안드레이 타르콥스키의 〈솔라리스〉(1972)와 〈스토커〉(1979)는 소련 SF 중 정말로 재미있는 작품에 속합니다. (아니, 그냥 객관적으로도 재미있죠. 타르콥스키는 재미있는 영화를 만든 사람이었다니까요)

〈어마어마한 우주여행〉은 인류 최초로 우주 유영에 성공한 알렉세이 레오노프가 기술자문을 맡고 카메오 출연을 한 영화로 유명합니다. 하지만 도대체 레오노프가 무슨 자문을 했는지 알 수가 없어요. 하드 SF와 거리가 먼 작품이거든요.

세 명의 소비에트 유토피아 청소년이 우주선을 타고 나간다는 이야기입니다. 그런데 우주선의 유일한 어른인 선장이 병에 걸리고 우리의 주인공들은 스스로의 힘으로 난관을 극복해야 하지요. 여기까지는 무난한 이야기인데, 반전이 있습니다. 알고 봤더니 아이들은 지구를 떠난 적이 없었고 우주선은 지하의 시뮬레이터였지요.

실망스럽고 화도 나는 결말인데, 전 이 아이들의 서글픈 수긍이 눈에 들어왔어요. "왜 어른들은 우리를 믿지 않은 걸까"의 좌절에서 "하지만 우린 언젠가 우주로 갈 거야"로 이어지는 잽싼 긍정. 참 말 잘 듣는 아이들이었어요. 유토피아 애들이어서 그런가.

• 서부극

서부극의 시대는 갔습니다. 안 만들어지는 건 아니에요. 심지어 〈늑대와 춤을〉 같은 아카데미 작품상 수상작도 있지요. 서부극 스토리와 캐릭터를 현대로 가져 온 현대 서부극도 있습니다. 하지만 이 장르의 힘은 1970년대 이후 푹 꺾였습니다. 가장 큰 이유는 장르가 시드는 데 이유 따위는 없다는 것이죠. 모든 유행엔 수명이 있고 서부극은 지나치게 많이 만들어졌어요. 그다음 이유는 미국 역사를 바라보는 대중의 관점이 바뀌었다는 것입니다. 서부 개척, 선주민과의 전쟁과 같은 서부극 소재들은 이제 많이 끔찍하게 느껴집니다. 1930~40년대만 해도 제7기병대와 조지 암스트롱 커스터 장군은 서부극의 당당한 주인공이었어요. 하지만 50년대로 접어들면서 할리우드는 이 골치 아픈 인물을 어떻게 처리해야 할지 고민하게 됩니다. 그 고민은 커스터를 실없는 과대망상증 환자로 그린 아서 펜의 수정주의 서부극 〈작은 거인Little Big Man〉(1970)으로 대충 끝이 났습니다. 이제 리틀빅혼 전투의 주인공은 라코타족의 위대한 전사 크레이지 호스에게 넘어갔고 커스터는 대부분의 경우 악역이거나 조연이거나 둘 다죠.

수정주의 서부극은 이 장르의 수명을 연장하려는 시도였습니다. 지금 제작되는 서부극도 대부분 이 경향을 취하지요. 역사는 보다 정확하게 반영되고, 신화는 깨지고, 선주민이 등장하는 순간 일단 미안하다는 태도는 취해야 합니다. 백인중심주의도 깨졌습니다. 실제로 당시 서부에서 일하던 사람들은 인종적으로 다양했지요. 백인 카우보이들만 나오는 영화들은 그냥 거짓말이었습니다. 대체로 올바른 길인데, 이건 장르의 숨통을 끊는 행위이기도 했습니다. 장르의 기반이 되는 신화적 기반을 파괴했으니까요. 이 시기를 거치다 보면 이전처럼 서부극을 만들 수도, 즐길 수도 없습니다.

그럼에도 불구하고 한국의 수많은 '추억의 영화' 팬들에게 서부극은 여전히 강렬한 향수의 대상입니다. 지금 전철 안에서 이 글을 쓰는 동안에도 제 앞에 앉은 할아버지는 용산에서 막 사 온 듯한 〈7인의 무뢰한〉 DVD 커버를 조심스럽게 쓰다듬고 있는데, 멀리서 보면 여자 친구 사진이라도 되는 줄 알겠어요. 케이블에서 옛날 영화를 틀어 주는 채널에 가보면 수상쩍을 정도로 서부극의 비중이 높지요. 유튜브를 뒤져 보면 옛날 할리우드 영화들만 모아놓은 곳들이 있는데 (저작권 문제는 해결이 됐나요?) 여기서도 주류는 서부극입니다. 이들에게 서부극은 이제 만들어지지 않는 옛날 영화의 정수인 것입니다. 그리고 이건 꼭 한국만 그런 것도 아니에요. 이런 유튜브 채널을 운영하는 건 한국 사람들만이 아니거든요. 전 서부극이 나이든 남자 영화팬에게 애착 인형과 비슷한 무언가가 아닌가 의심합니다.

미국을 무대로 한 미국적 신화를 다룬 장르지만, 서부극 유행은 범세계적이었습니다. 이 장르의 영화는 남극을 제외한 모든 대륙에서 만들어졌습니다.* 정말이냐고요? 그렇다니까요.

일단 유럽 이야기를 하기로 하죠. 여러분은 모두 스파게티 웨스턴이 존재한다는 건 알고 있습니다. 이탈리아에서 서부극은 메이저 장르였어요. '추억의 영화' 팬들이 향수하는 영화 상당수는 이탈리아 제품이지요. 하지만 서부극을 만든 유럽 국가는 이탈리아뿐만이 아니었습니다. 프랑스, 스페인, 독일도 있었어요. 특히 독일의 서부극 사랑은 각별했습니다. 미국엔 딱 한 번 가 봤고 서부 근처엔 가 본 적도 없었지만, 엄청 인기 있는 서부 소설들을 독일어로 쓴 카를 마이라는 작가가 있었거든요. 인기 있는 독일 서부극 상당수는 이 사람 소설이 원작입니다. 피에르 브리스라는 프랑스 배우가 카를 마이 소설의 주인공인 아파치 추장 위네투를 연기했고 2차 대전 이후 두 나라 관계 회복에 기여한 바가 크다고 말을 듣기도 했는데… 아니, 멀쩡한 미국 선주민을 내버려 두고 왜 유럽인들끼리 저러죠.

서부극 인기는 철의 장막을 안 넘었을 것 같죠? 하지만 앞

---

* 아니, 또 몰라요. 남극에서도 만들어졌을지. 남극 기지 직원들이 서부극 놀이하는 걸 찍어 유튜브에 올렸다면 그것도 서부극이죠.

챕터에서 말했듯, 소련에서는 서부극의 인기가 상당했습니다. 할리우드와 독일 서부극을 수입만 한 게 아니라 직접 만들기도 했습니다. 대신 무대가 미국 서부가 아니라 러시아 내전 시절 중앙아시아였어요. 소련 시절에 대히트작이었고 속편도 몇 편 나온 〈은밀한 복수자들The Elusive Avengers, Неуловимые мстители〉이란 영화가 있었는데, 말 타고, 총 쏘고, 술집에서 싸움 나고 기타등등 서부극에서 일어날 일은 다 일어납니다. 동독과 체코슬로바키아에서는 대놓고 미국 배경의 서부극이 나왔고요. 카를 마이의 영향이 컸겠죠.

라틴 아메리카에서 서부극이 만들어진 건 당연한 일이겠지요. 역사와 배경이 거의 겹치니까요. 아르헨티나에는 〈야만의 팜파스Savage Pampas, Pampa barbara〉 같은 서부극들이 있었고, 이 영화는 로버트 테일러 주연으로 할리우드 리메이크가 되었는데, 배경이 여전히 아르헨티나인데도 다른 할리우드 서부극과 거의 다른 점이 없어요. 브라질 시네마 노보 시절 글라우베르 로샤가 만든 〈검은 신, 하얀 악마God and the Devil in the Land of the Sun, Deus e o Diabo na Terra do Sol〉란 영화도 있고, 옛날 운동권 영화인들이 이 영화를 녹화한 낡은 비디오테이프를 돌려 봤는데, 이 영화도 무지 서부극입니다.

같은 영어권인 오스트레일리아에도 서부극 또는 서부극스러운 영화의 전통이 있습니다. 전설적인 은행강도 네드 켈리의 이야기를 영화로 옮기면 그냥 서부극이 되지요. 오스트레

일리아는 선주민이라는 주제가 언급되면 미국만큼이나 쩔리는 나라이기도 합니다. 호주 선주민이 주인공인 프레드 셰피시의 〈지미 블랙스미스The Chant of Jimmie Blacksmith〉는 1960, 70년대 미국 수정주의 서부극의 익숙한 죄의식으로 가득한 작품입니다.

아시아는? 우리나라는 60~70년대에 꽤 많은 서부극을 만들었습니다. 만주 웨스턴이라고 하지요. 이만희의 〈쇠사슬을 끊어라〉, 최경옥의 〈여마적〉, 임권택의 〈두만강아 잘 있거라〉, 정창화의 〈광야의 결사대〉 같은 영화들이 이에 속합니다. 대부분 한강 고수부지를 1930년대 만주 대평원인 척하고 찍었지만. 이 장르는 김지운이 〈좋은 놈, 나쁜 놈, 이상한 놈〉을 찍으면서 잠시 사람들의 관심을 모았습니다. 보통 〈놈놈놈〉이라는 별명으로 불리는 이 영화는 옛 한국 장르 영화의 계보를 직접적으로 잇고 있는 드문 21세기 한국 영화 중 하나입니다. 구로사와 아키라의 〈요짐보〉와 〈7인의 사무라이〉는 서부극의 논리를 따르는 사무라이 영화인데, 그 때문에 두 편 모두 아주 자연스럽게 서부극 리메이크가 나왔어요. 아프리카에도 서부극의 장르를 모방하려는 시도가 있었고 최근엔 남아프리카공화국에서 〈파이브 핑거스Five Fingers for Marseilles〉라는 매우 정통 서부극스러운 영화가 나왔다고 하는데, 분명 제가 모르는 작품들이 더 있겠지요.

위의 리스트는 정말로 간략하게 압축한 것으로 맘만 먹으면 한없이 길어지고 복잡해질 수 있습니다. 하지만 대충 넘어가고 기본 질문으로 넘어가죠. 이 많은 영화는 무엇을 의미할까요? 영화사에서 할리우드의 영향력이 심지어 철의 장벽을 넘을 정도로 컸다는 뜻일까요? 그럴 수도 있지요. 19세기에서 20세기로 이어지는 기간 동안 미대륙에서 만들어진 이 신화의 힘은 정말로 강력했고 우리는 여전히 그 영향력 밑에서 살고 있습니다. 하지만 모든 신화에는 구체적인 역사적 시공간을 넘어서는 보편적인 무언가가 있습니다. 전 세계 사람들이 서부극 서사에 매료된 건 서부극이 존재하기 전부터 이런 이야기에 대한 욕망을 갖고 있었기 때문입니다. 할리우드는 그냥 틀만 제공해 준 셈이죠.*

그렇기 때문에 전 오히려 거꾸로 봐야 한다고 생각합니다. 서부극 역사에서 중요한 건 서부극의 비정상적인 인기가 아니에요. 이들의 인기가 본토의 유행이 시들면서 전 세계적으로 한꺼번에 갑자기 스러져 간 쇠퇴 과정이 더 중요합니다. 실제 역사의 불의와 그에 대한 죄의식이 보편적인 욕망으로 구성된 장르의 수명을 단축시킨 것이지요. 우리는 얼마 전까지만 해도 당연하다고 생각했던 모든 것들의 가치를 다시 돌이켜 보게 되었고 당연한 건 없다는 걸 알게 되었습니다.

모든 서부극이 '캔슬'된 건 아닙니다. 결코 무시할 수 없는

---

* 사실 서부극의 틀을 만든 건 할리우드가 아닙니다. 서부극은 영화가 존재하기 전부터 소설이나 무대 공연을 통해 완성된 장르였으니까요. 할리우드에서 서부극이 그렇게 빨리 성장할 수 있었던 것도 그 때문이었습니다.

시기 동안 엄청난 영향을 끼친 장르이기 때문에 위대한 거장들이 만든 무시할 수 없는 분량의 많은 서부극 걸작 리스트가 존재합니다. 〈옥스보우 인서던트The Ox-Bow Incident〉(1943), 달러 삼부작인 〈황야의 무법자〉, 〈석양의 건맨〉, 〈석양의 무법자〉(1964, 1965, 1966), 〈쟈니 기타Johnny Guitar〉(1954), 〈톨 T〉(1957), 역마차Stagecoach〉(1939), 〈추적자The Searchers〉(1956) 같은 영화들을 언급하지 않고 넘어가는 영화사는 심각하게 불완전한 것이 될 겁니다. 이들은 심지어 비슷비슷한 영화들도 아니에요. 〈톨 T〉와 〈추적자〉는 전혀 다른 세계에 사는 전혀 다른 사람들에 대한 전혀 다른 영화입니다.

물론 이들 대부분은 만들어졌던 때와 다른 식으로 읽힐 겁니다. 그리고 이들 중 상당수는 작품 완성도와 상관없이 조용히 잊히겠지요. 여러분들은 꼭 이 영화를 만든 사람의 의도나 당시 관객들의 시점에 맞추어서 이들을 볼 필요는 없습니다. 그냥 이들의 미덕과 단점을 지금의 시점에서 읽고 이해하는 것으로 충분합니다. 그리고 이건 꼭 서부극에만 해당되는 건 아니에요. 우리가 만들고 있는 것은 모두 불완전하고 이상하며, 다들 미래 후손들의 가혹한 평가를 기다리고 있습니다. 그 뒤로는 이어지는 건 망각의 단두대고요. 우린 잊히기 전까지 너무 놀림당하지 않길 바랄 뿐이지요.

저는 이 글을 2021년 아카데미 시상식이 있었던 날 오후에 쓰기 시작했습니다. 이번 시상식에서 작품상과 감독상을 받은 클로에 자오의 〈노매드랜드〉와 윤여정에 여우조연상을 안긴 정이삭의 〈미나리〉는 최근 나온 할리우드 영화들 중 가장 서부극의 전통에 충실한 작품이었습니다. 그러고 보니 최근 할리우드에서 서부극을 만드는 전문가 중 가장 훌륭한 감독은 켈리 라이카트라는 것, 최근에 제가 본 가장 인상적인 서부극이 19세기 태즈매니아를 배경으로 한 강간복수극인 제니퍼 켄트의 〈나이팅게일〉이라는 점이 떠올랐습니다. 얼마 전까지만 해도 서부극은 백인 남자들, 그리고 이들에게 은근슬쩍 자기를 의탁하는 기타 남자들의 영토였습니다. 지금은 그 영토는 백인 남자도 아니고 굳이 백인 남자처럼 생각하지도 않는 다양한 사람들에 의해 점령되고 있습니다. 이 과정의 끝은 어떻게 될까요.

• 제2차 세계 대전 영화

제2차 세계 대전만큼 영화 만드는 사람들에게 인기 있는 전쟁은 없습니다. 여기엔 여러 가지 이유가 있는데 하나씩 짚어 보기로 하겠습니다.

가장 큰 이유는 세계 대전이었기 때문입니다. 인류가 겪은 가장 큰 전쟁이었고 당시 사람들 중 이 전쟁의 영향을 받지 않은 사람은 거의 없다고 해도 과언이 아닙니다. 제1차 세계 대전도 큰 전쟁이었지만 제2차 세계 대전만큼 큰 영향을 끼치지는 않았습니다.

두 번째 이유는 이 전쟁이 영화 예술과 기술과 무르익은 시기에 터졌다는 것입니다. 지금도 감상되는 수많은 제2차 세계 대전 소재의 걸작들은 전쟁 당시에 만들어졌습니다. 〈카사블랑카〉, 〈토린 호의 운명〉, 〈사형집행인도 죽는다〉, 〈직업군인 캔디씨 이야기〉, 〈무방비도시〉와 같은 작품들 말이죠.

존 포드, 프랭크 카프라, 월트 디즈니와 같은 사람들은 단순히 전쟁 소재의 영화를 찍는 것으로 머물지 않고 적극적으로 정부의 선전에 참여했습니다. 존 포드가 직접 찍은 미드웨이 해전의 다큐멘터리를 우리가 볼 수 있는 것도 그 때문이지요.

(그건 추축국 쪽도 마찬가지였는데, 이들의 작품은 이만큼 잘 감상되지는 않습니다. 일단 독일에서는 나치 프로파간다 영화들을 엄격하게 관리하고 있으니까요)

지금도 인기 있는 수많은 무비 스타들도 참전했습니다. 제임스 스튜어트, 클라크 게이블, 앨릭 기니스, 헨리 폰다, 로런스 올리비에, 데이비드 니븐 같은 사람들 말이죠. 〈지상 최대의 작전〉, 〈대탈주〉, 〈나바론의 요새〉와 같은, 1980년대까지 할리우드에서 만들어진 제2차 세계 대전 영화들은 캐스팅 명단에 실제 참전 경력이 있는 배우들을 한 명 이상 넣고 있는 게 보통이었습니다. 그러니까 이들의 연기엔 당사자성이 있었습니다.* 그건 카메라 뒤에 있는 사람들도 마찬가지였고요.

제2차 세계 대전 소재 영화와 드라마는 계속 만들어졌습니다. 할리우드에서는 잠시 주춤했던 시절이 있었는데, 스티븐 스필버그가 〈쉰들러 리스트〉, 〈라이언 일병 구하기〉, 〈밴드 오브 브라더스〉, 〈태평양〉을 만들면서 다시 유행에 불을 당겼지요. 그리고 세월이 흐르면서 사람들은 동시대 사람들은 그릴 수 없었던 소재들을 계속 발굴해 냈습니다. 예를 들어 전쟁 당시 베를린의 동성 커플을 다룬 절절한 로맨스였던 〈아이메와 야구아Aimée & Jaguar〉(1999)와 같은 작품은 어느 정도 세월이 흐

---

* 이들 중 가장 계급이 높은 사람은 예비역 공군 준장이었던 제임스 스튜어트였습니다. 하지만 스튜어트는 제2차 세계 대전 영화를 거의 찍지 않았죠. 입대를 얼렁뚱땅 미루고 호전적인 전쟁 영화를 찍어 댔던 존 웨인과 대비됩니다. 이해가 됩니다. 전쟁은 직접 겪은 사람에겐 고통스럽지요. 스튜어트는 위에 언급된 배우들 중 전쟁의 참상을 가장 잘 알고 있었던 사람입니다.

른 뒤에야 만들어질 수 있었죠.

그러다 보니 일어날 일이 일어나고 말았습니다. 제2차 세계 대전이라는 역사적 사건 자체가 장르화되기 시작한 것이지요. 서부극의 서부가 그렇듯, 제2차 세계 대전도 재미있는 이야기를 만들기 위한 놀이터 비슷한 것이 되어 버렸습니다. 이를 보여 주는 예로 제가 종종 언급하는 것이 미국 드라마 〈전투Combat〉(1962~1967)와 시트콤 〈호건의 영웅들Hogan's Heroes〉(1965~1971)입니다. 멍청한 수용소 소장 몰래 거의 호텔처럼 꾸민 포로수용소가 배경인 후자는 제가 아주 배를 잡고 봤던 작품으로 여전히 좋은 기억을 갖고 있지요. 그런데 〈전투〉는 5시즌, 〈호건의 영웅들〉은 6시즌 동안 방영되었어요. 미군이 유럽에서 전쟁을 한 건 기껏해야 3년 몇 개월에 불과했습니다. 그렇다면 저들은 어떤 역사선을 살고 있었던 걸까요?

자연스럽게 페티시화가 뒤를 이었습니다. 제2차 세계 대전 당시 독일군은 세상에서 가장 페티시화된 군대입니다. 이들을 절대악으로 그리는 수많은 영화들이 이에 대한 매혹을 숨기지 않습니다. 마음 약한 몇 명은 종종 '착한 나치' 캐릭터를 만들어 이를 정당화하기도 하지요. 여전히 멋들어진 나치 군복을 입고 있지만 착한 남자라 맘 편하게 좋아해도 되는 것입니다. 더 솔직하고 저질스러운 사례로는 나치 선정 영화Nazisploitation 장르가 있는데, 나치와 관련된 성범죄와 섹스(늘 하는 말이지만 둘은 다릅니다)를 소프트 포르노스럽게 그렸습니다. 이중 끝판

왕은 〈일사: 나치 친위대의 색녀〉이고 이 소재를 고급스럽게 치장한 작품으로는 〈비엔나 호텔의 야간 배달부〉가 있지요.

그러는 동안 신화화가 진행되었습니다. 여기서 가장 먼저 언급되는 것은 역시 홀로코스트입니다. 〈안네의 일기〉, 〈죽음의 연주〉, 〈쉰들러 리스트〉 같은 작품들은 부당하게 박해받은 유대인들의 서사를 그렸고 그건 모두 가치 있는 이야기였습니다. 하지만 수많은 시오니스트들이 이를 편리하게 이용했지요.

조금 덜 노골적인 것은 소위 가장 위대한 세대The Greatest Generation에 대한 예찬이었습니다. 〈쉰들러 리스트〉를 제외한 나머지 스필버그 작품들이 이에 해당됩니다. 이들 작품의 미국 백인 남자 주인공들은 선악이 분명한 위대한 전쟁에서 고결한 희생을 한 정의로운 사람들로 그려집니다. 베트남전, 심지어 한국전까지 올라가도 이런 순진한 감상이 불가능해집니다. 그러니까 이는 매우 편안하고 안심이 되는 역사인 것입니다. 하지만 과연 결백한 전쟁이 존재할 수 있을까요? 당시 미군은 여전히 인종적으로 분리되어 있었습니다. 〈밴드 오브 브라더스〉의 주인공들이 모두 백인이었던 것도 그 때문이지요.*

영국 역시 홀로 추축국에 맞서 싸운 위대한 조국의 신화를 쓰

---

* 얼마 전 제2차 세계 대전을 배경으로 한 SF 호러 영화 〈오버로드〉를 보았습니다. 그 영화 주인공이 흑인인 건 충분히 있을 수 있는 일이었습니다. 하지만 그 사람이 인종적으로 분리되어 있지 않은 부대 소속으로 그려지는 건 받아들이기 힘들었어요. 이 영화를 만든 사람들은 이를 쿨한 컬러블라인드 캐스팅이라고 생각했을지 모르지만, 이건 당시에 존재했던 인종차별을 부정하는 것과 다를 게 없지 않습니까. 흑인 주인공에게 나치 죽이기 게임을 허용했다고 이 문제점이 사라질까요?

고 있는 나라인데, 당시 처칠이 식량 지원을 막아 아사했던 수백만의 뱅갈 사람들도 같은 생각인지는 모르겠습니다.

철의 장막 너머에서 이 소재는 조금 더 노골적인 정치성을 띠게 됩니다. 일단 동구권에서 정말로 훌륭한 제2차 세계 대전 영화들이 나왔고 이들의 예술적 다양성 역시 풍부하다는 사실을 인정하고 넘어갑시다. 〈학이 난다〉(1957), 〈이반의 어린 시절〉(1962), 〈컴 앤 씨〉(1985), 〈재와 다이아몬드〉(1958), 〈가까이 서 본 기차〉(1966)와 같은 영화들은 모두 여러분이 절대로 놓쳐서는 안 되는 걸작들입니다. 조금 덜 알려진 반다 야쿠보프스카의 〈마지막 무대〉(1948)는 실제 아우슈비츠 생존자인 감독이 전쟁 중에 구상했고 전쟁 직후 수용소에서 찍은, 당사자성이 절정에 달한 작품입니다.

그런데 이곳, 특히 소련에서는 이 장르가 훨씬 정치적으로 이용되었습니다. 많은 사람들이, 냉전 시대의 소련이 미국이 악당인 영화를 많이 만들었을 거라고 생각하는데, 사실 얼마 없습니다. 그 시절에도 소련 영화 최고의 악당은 여전히 독일군이었어요. 위대한 나라 소련이 소련에 흡수되거나 위성국이 된 나라를 독일군으로부터 해방시키고 제2차 세계 대전을 종식시켰다는 서사를 쌓는 것이 냉전 시대 적수를 상대로 한 영화를 찍는 것보다 더 중요했습니다. 이를 당시 위성국, 특히 발트 3국 사람들이 얼마나 재수 없어 했는지를 알려면 그 시절 라트비아에 살았던 감독의 어린 시절을 그린 일제 부르코

〈학이 난다〉(1957)

프스카 야콥센의 애니메이션 다큐멘터리 영화 〈내가 가장 좋
아하는 전쟁〉(2020)을 보면 됩니다.

냉전은 끝났고 소련은 해체되었습니다. 하지만 여전히 러시
아에서는 엄청나게 많은 양의 제2차 세계 대전 영화들이 만들
어지고 있습니다. 그리고 그중 상당수는 국내에 수입되고 있
어서 고정팬들도 있습니다. 그리고 러시아만큼 이 시대 배경
전쟁 영화, 그러니까 항일 전쟁 영화를 많이 만드는 나라가 중
국입니다. 문제가 많은 강대국들이 비교적 결백해 보이는 '위
대한' 과거를 배경으로 한 영화들의 공습으로 국가주의를 고
취하고 있는 것입니다. 여기서도 자기 목소리를 내는 사람들
이 있고, 그중 칸테미르 발라고프의 2019년작 〈빈폴〉은 소련
의 결백한 전쟁 서사를 작정하고 깨부수는 영화로 역시 여러
분이 반드시 챙겨볼 필요가 있습니다만.

이 챕터는 편집 중에 추가되었습니다. 전 지금 러시아의 우크라이나 침공 뉴스를 들으면서 이 글을 쓰고 있어요. 우크라이나를 '탈나치화'하겠다는 푸틴의 선전포고를 들으며 제가 수없이 본 소련의 전쟁 영화들을 떠올리지 않는 건 불가능했습니다. 단순하고 결백하고 흠 없어 보이는 역사 서사가 과거에 갇힌 사람들의 손에 들어가면 얼마나 위험해질 수 있는지, 우리는 그 결과를 보고 있습니다.

• 이탈리아 호러의 영광과 죽음

우리가 아는 이탈리아 호러 영화의 시작은 보통 리카르도 프레다와 마리오 바바의 1957년작 영화 〈이 밤피리I Vampiri〉로 알려져 있습니다. 최초의 이탈리아 호러는 아니었지만 유성 영화 시대에 만들어진 최초의 이탈리아 호러 영화였어요. 이 영화는 그렇게 흥행에 성공한 편은 아니었지만 마리오 바바의 첫 단독 감독작인 1960년작 〈사탄의 가면La Maschera del demonio, Black Sunday〉은 대히트작이었습니다. 바바가 만든 가벼운 히치 콕 패러디 영화인 〈너무 많은 것을 안 여자La Ragazza che sapeva troppo, The Girl Who Knew Too Much〉는 이탈리아 호러의 가장 성공 적인 서브장르인 지알로의 시조이기도 했습니다. 〈죽은 신경 의 꿈틀거림Reazione a catena〉과 같은 영화는 미국으로 넘어가 1980년대 슬래셔 영화에 지대한 영향을 끼쳤고요.

바바의 영향 아래, 수많은 후배 감독들이 나왔습니다. 그중 가장 유명한 스타는 〈서스페리아〉(1977)와 〈딥 레드〉(1975)의 다리오 아르젠토겠지요. 루치오 풀치, 세르조 마르티노, 움베 르토 렌치, 미켈레 소아비와 같은 사람들이 그 뒤를 이었고요.

대부분 이탈리아 호러 영화는 다국적 환경에서 만들어졌습

〈서스페리아〉(1977)

니다. 각기 다른 나라에서 배우들은 마이크도 없는 환경에서 각자의 언어로 연기를 했고 나중에 이들의 연기는 후시 녹음으로 합쳐졌습니다. 꼭 이탈리아만 그랬던 게 아니라 인근 스페인과 포르투갈도 크게 다를 게 없었습니다. 그래서 당시 그 근방에서 만들어진 영화를 보면 국적을 구분하기 힘들어요. 이들 영화의 배경은 유럽 여러 곳에 흩어져 있었고, 모두 그렇게 좋다고 할 수 없는 영어 더빙이 달려 있었으니까요. 그리고 몇몇 감독과 배우들은 영어 가명을 썼습니다. 이탈리아 관객들은 한동안 자국 호러 영화를 시시하다고 생각했지요. 영어 이름을 쓰면 미국과 같은 곳에 팔기도 쉬웠고요.

그러니까 아주 이상적인 상황에서 만들어진 영화들은 아닙니다. 비슷하지만 훨씬 넉넉한 환경에서 호사스러운 걸작들을 뽑아낸 펠리니나 비스콘티 같은 사람들과 일대일로 비교할 수는 없었어요.

이탈리아 호러 영화 중에서도 정상적인 완성도를 갖춘 작품들은 많았습니다. 적어도 마리오 바바 시대는 그랬습니다. 심지어 악명 높은 루치오 풀치의 영화도 초창기엔 그럭저럭 멀쩡합니다. 하지만 사람들이 이탈리아 호러 영화에서 기대한 건 그런 멀쩡한 완성도가 아니었지요. 엉성하게 더빙된 채 수상쩍은 극장에서 상영되는 정체불명의 영화를 볼 때 관객들은 완성도와 다른 걸 기대하지요. 이탈리아 영화가 그들에게 제공해 준 건 극단적인 폭력과 그들을 엮는 이상한 논리와 환상적이고 탐미적인 스타일이었습니다. 그것만 충족된다면 엉성한 각본이나 연기 따위는 참아 줄 수 있었어요. 오히려 그런 건 매력이었습니다. 그들은 이 영역의 영역에 오싹하고 매력적인 꿈의 논리를 부여했습니다.

이탈리아 호러의 전성기는 1980년대에 찾아왔습니다. 1970년대부터 본격적으로 꽃피우기 시작했던 이탈리아 호러 스타일이 바로 이 시기에 완성되었어요. 다리오 아르젠토의 〈페노미나〉(1985), 〈오페라〉(1987), 루치오 풀치의 〈비욘드〉와 〈무덤 위에 세운 집〉(1981), 루게리오 데오다토의 〈카니발 홀로코스트〉(1980) 등등이 이 시기에 나왔습니다. 그리고 전 세계 호러 팬들이 이들의 영향을 받았지요. 일단 슬래셔 영화부터가 이탈리아 호러의 영향을 빼면 이야기가 안 되니까요. 그 영향은 지금도 계속되고 있어서 제임스 완의 신작 〈말리그넌트〉의 많은 장면을 보면 향수가 돋을 정도입니다.

1990년대부터 쇠락기가 시작됩니다. 아르젠토는 여전히 영화를 만들고 있었고 〈세메터리 맨〉과 같은 준수한 호러를 만드는 미켈레 소아비와 같은 사람들도 있었는데, 그 기운은 이전만 못했습니다. 그리고 어느 순간부터 이탈리아에서 만들어지는 호러 영화들은 더 이상 우리가 아는 이탈리아 호러의 맛이 나지 않았습니다.

전 이게 영화적 완성도와 관계가 있다고 생각합니다. 90년대부터 이탈리아 영화의 완성도가 떨어졌다는 건 아닙니다. 오히려 반대라면 반대가 아닐까요. 90년대 영화들을 보면 우리가 놀려대며 즐겼던 이탈리아 호러 영화들의 이상한 단점들이 상대적으로 덜합니다. 대사가 나아졌고 (아르젠토는 여전합니다만) 더빙이나 연기도 좋아졌고 후시 녹음의 비중은 줄어들기 시작했습니다. 이는 당연한데, 90년대는 전 세계적으로 대중영화의 기술적 완성도가 상향 조정되던 시기였으니까요. 하지만 이탈리아 영화의 매력은 그런 것에 신경 쓰지 않아도 되는 난폭한 무정부주의적 환경 속에서 가장 빛을 발하는 존재였던 것입니다. 이탈리아 호러의 미의식이 극에 달했던 80년대엔 특히 그랬어요.

변하는 세월 속에서 그들은 답을 찾지 못했어요. 당연하지 않겠어요. 이탈리아 영화의 스타일에 대한 과도한 집착은 점점 내용을 갉아먹었습니다. 우리는 바바의 걸작인 〈킬, 베이비, 킬〉을 보고 계급과 성에 대해 깊이 있는 이야기를 나눌 수 있습니다. 하지만 풀치의 〈비욘드〉를 보고 나서는 "You have carte blanche, but not a blank check" 같은 대사를 놀려먹을 수 있을 뿐입니다. 유행의 흐름이 이런 식으로 흐르면 다음 세대에서 출구를 찾기 힘들어요.

루카 구아다니노의 〈서스페리아〉 리메이크와 아르젠토의 원작을 비교하면 그 차이를 알 수 있어요. 구아다니노의 영화는 원작의 우스꽝스러움이 느껴지지 않는 세련된 영화입니다. 그런데 이 영화의 스타일은 아르젠토, 그리고 우리가 아는 대부분 이탈리아 호러 영화의 스타일과 연결되지 않아요. 대가 끊어졌고 '이탈리아 호러'는 스파게티 웨스턴처럼 '옛날 영화'의 카테고리에 들어가고 말았습니다. 그리고 세월이 흘러, 이들 영화들이 당시에 가지고 있던 날카로움도 사라지고 말았지요. 제가 어렸을 때 아르젠토는 세상에서 가장 무서운 영화를 만드는 사람이었습니다. 하지만 지금 관객들은 〈서스페리아〉를 그렇게 생각하지는 않을 거예요. 여전히 아르젠토 영화에서만 가능한 그로테스크한 아름다움과 재미를 느끼긴 하겠지만요.

지금도 이탈리아에서 새로운 호러 거장들이 등장할 가능성은 충분히 있겠지만, 그들이 만드는 영화는 그 옛날의 이탈리아 호러와 다른 무언가여야 하겠지요. 당연한 게 아니겠어요. 21세기 이탈리아 사람들은 21세기 영화를 만들어야지요.

• 여성 대상 영화

Woman's film은 번역하기 쉽지 않은 장르입니다. 여성 영화
라 번역하면 될 것 같지만 아니에요. 이 장르는 할리우드에서
무성 영화 시절부터 1960년대까지 만들어졌고 제2차 세계 대
전 전후에 정점을 찍은 여성 관객 대상 영화를 가리킵니다. 페
미니즘 영화나 여성 감독들이 만든 영화를 뜻하는 게 아니에
요. 그래서 전 이걸 '여성 대상 영화'라고 번역하기로 했어요.
통일한 용어가 있나 찾아봤는데, 아직까지는 제각각이어서요.

필름 누아르도 그렇지만, "'여성 대상 영화' 장르 영화를 만
들자!" 하며 만들어진 작품들이 아닙니다. 20세기 후반의 역
사가들과 비평가들이 특정 할리우드 영화들을 이렇게 묶은 거
죠. 당시 할리우드 사람들은 그냥 논리적으로 행동했습니다.
여성 관객들을 위해 여성들에 대한 여성 중심의 영화를 만든
것입니다. 대부분 멜로드라마였고 모성애, 가족관계, 로맨스
와 같은 주제를 다루었습니다. 그리고 이런 식으로 스튜디오
시스템 안에서 반복되며 만들어지다 보니 비평가들이 묶을 수
있는 공통된 스타일이 형성되었지요.

머릿속으로 지도를 그리는 걸 돕기 위해 여기 속한 1940~50

년대 작품들 몇몇의 리스트를 읊어 보겠습니다. 〈가라, 항해자여〉, 〈레베카〉, 〈천국이 허락한 모든 것〉, 〈슬픔은 그대 가슴에〉, 〈밀드레드 피어스〉, 〈미니버 부인〉, 〈레이디 이브〉, 〈가스등〉, 〈제저벨〉, 〈이브의 모든 것〉, 〈유령과 뮤어 부인〉, 〈걸, 댄스, 걸〉, 〈당신이 떠난 후〉, 〈아웃레이지〉, 〈바람과 함께 사라지다〉, 〈미지의 여인에게서 온 편지〉 등등. 일단 이런 식으로 유사성을 읽을 수 있게 된다면, 비슷한 부류의 영화들이 거의 모든 나라에 있었다는 것을 알게 될 겁니다. 영화업계가 자기 이야기를 보고 싶어하는 여성 관객들을 완전히 무시했던 때는 드물었습니다. 요샌 주변에 이를 없는 척하는 사람들이 너무 많은데, 그러지 맙시다.

이들이 모두 정치적으로 진보적이었다고 주장한다면 그건 새빨간 거짓말입니다. 그냥 20세기 초중반 관객들의 구미에 맞게 만들어진 대중 영화들이었어요. 가족과 여성의 역할에 대한 관점은 어쩔 수 없이 종종 보수적이었습니다. 그리고 이들은 거의 대부분 남성 감독과 남성 각본가를 통해 만들어졌습니다. D. W. 그리피스, 조지 큐커, 더글러스 서크, 막스 오퓔스 등등이 이 장르와 연결되어 주로 호명되는 이름들입니다. 위에 제가 적은 리스트에도 여성 감독의 작품은 단 두 편밖에 없지요. 아이다 루피노의 〈아웃레이지〉와 도로시 아즈너의 〈걸, 댄스, 걸〉. 이들은 유성 영화 시절 클래식 할리우드 전성기 때 활동했던 여성 감독 전부이기도 합니다.

하지만 여기에 무시할 수 없는 것들이 있습니다. 이들 영화 중 상당수는 여성 작가가 쓴 베스트셀러 소설이 원작입니다. 중간에 남자들이 키를 잡았다고 해도 본래 여성 이야기꾼으로부터 시작한 영화들이었어요. 심지어 남성 작가의 작품들도 은근슬쩍 형성된 이 장르의 흐름 안에 자연스럽게 말려들었습니다. 이들 장르는 베티 데이비스, 올리비아 드 하빌랜드, 조운 크로포드, 바버라 스탠윅*과 같은 당대의 배우들에게 스타 파워를 실어 주었습니다. 그리고 여성 스타 중심으로 옮겨가면 이성애 로맨스를 다루더라도 남자들의 비중이 축소되기 마련입니다. 여기서 전 조지 브렌트 이야기를 하지 않을 수 없는데요. 이 배우는 영화팬들에게 오로지 '베티 데이비스와 영화를 11편 찍은 남자'로 기억됩니다. 불필요한 스타성으로 관객들의 관심을 빼앗지 않으면서 베티 데이비스와 같은 여성 스타를 빛나게 돕는 남자 배우였던 거죠. 그림이 그려지십니까.

이들은 이후 관객들에게 새로운 관점에서 재해석될 수 있습니다. 이들 중 몇몇은 감독이나 각본가들이 생각했던 것보다 더 재미있습니다. 이 영화를 만든 남자들 중 일부는 원작을 쓴 소위 '여류 작가'를 낮추어 보고 있었고 자신이 다루는 텍스트 역시 경멸했지요. 심지어 〈레베카〉의 알프레드 히치콕도 '여

---

* 이 장르의 스타인 베티 데이비스와 올리비아 드 하빌랜드는 배우로서 자신의 권리를 찾기 위해 메이저 스튜디오와 맹렬한 투쟁을 벌였습니다. 심지어 드 하빌랜드는 승자였습니다. 워너브라더스가 계약 종료 후에도 자신을 묶어 두려 하자 영화사를 대상으로 소송을 걸어 이겼지요. 지금 억만금을 벌어들이는 할리우드 스타들은 모두 드 하빌랜드에게 고마워해야 합니다.

성 취향 베스트셀러'일 뿐인 원작을 그렇게 존중하지 않았어요. 그럼에도 불구하고 영화는 잘 뽑혔고 우리가 이 영화에서 읽는 서브텍스트도 히치콕의 의도를 따른 것이라 생각하지만 말입니다. 하여간 몇몇 작품들의 텍스트는 키를 잡은 남자들의 무심함, 경멸 심지어 사보타지를 뚫고도 살아남았고 이 영화들에 대한 감상은 그 때문에 더 입체적이 되었습니다.

무엇보다 여성 주인공 영화의 작품 수가 많아지면 보다 다양한 욕망과 이야기들이 터져 나오기 마련입니다. 후대 페미니스트 비평가들에게 이 장르는 뜯을 게 엄청 많은 성찬이에요. 당시 인기 있었던 베스트셀러 원작의 영화라고 하면 얄팍하게 들리지만 이야기꾼이나 대중의 욕망은 생각보다 복잡하고 다양하고 입체적입니다. 기회만 충분히 주어진다면 뻔한 것 같은 영토에서도 다양한 것들이 나와요. 이들은 할리우드가 없는 척했던 성폭행을 전면으로 끄집어 내기도 하고(〈조니벨린다〉, 〈아웃레이지〉), 여성의 창작에 대해 고찰하기도 하며(〈유령과 뮤어부인〉), 여성의 정신적, 경제적 자립에 대해 이야기하기도 합니다(〈바람과 함께 사라지다〉, 〈가라, 항해자여〉). 그리고 무엇보다 이들은 여자들의 관계의 입체형과 복잡성에 대해 훨씬 깊이 고민하고, 여자들을 우주의 중심에 놓는 영화들입니다.*

* 하나 더. 대한민국 서사 예술 작품 중 일일 연속극처럼 여자 중심으로 돌아가는 작품들은 많지 않습니다. 주인공, 악역 모두 여자이고 남자들은 구석에서 예쁘게 앉아 있다가 가끔 거들 뿐입니다. 물론 이들 캐릭터와 이야기를 구성하는 사고방식은 결코 건전하거나 진보적이라고 할 수 없습니다. 하지만 자신의 욕망을 가진 주인공으로 존재하는 것은 정말로 중요한 것이란 말입니다, 여러분.

최근 들어 여성 서사에 대한 이야기가 많아지면서 이 장르의 영화들을 다시 들여다보게 되었습니다. 많이들 여성 서사라는 개념을 탈색되고 소독된, 투명하고 올바른 무언가로 보는 경향이 있습니다. 하지만 그런 재료와 동기만으로는 생명력 있는 무언가가 나올 수 없습니다. 자신을 주인공으로 여기고 이야기의 통제권을 쥐고 아무 거리낌 없이 욕망과 생각을 터트리고 그 지저분하고 혼란스러운 난장판 안에서 가능한 모든 조합을 찾으며 최대한의 가능성을 확보하는 것이 중요해요. 그리 진보적이지도 않았고 페미니스트라는 자의식도 없었으며 그냥 통속적인 오락거리를 추구했을 뿐이지만 자신의 욕망에 솔직했고 창작자와 배우로서 자존심이 만만치 않았던 카메라 앞과 뒤의 여자들이 남자들의 벽 사이에서 쌓아올린 결과물들을 돌이켜 볼 때입니다.

• 잊힌 원작의 도서관

　알프레드 히치콕의 숭배자들은 종종 히치콕 영화의 원작을 부당하게 과소평가하는 경우가 있습니다. 히치콕 자신도 이를 부추기는 경향이 있고요. 그런데 과연 그 책들이 그렇게 무시될 작품들일까요?

　〈레베카〉 이야기는 이미 했고, 〈싸이코〉 이야기를 해 보죠. 사람들이 히치콕의 공적이라고 생각하는 것 중 상당수는 원작자 로버트 블록의 것입니다. 주인공인 줄 알았던 여자가 초반에 무참하게 살해당하는 설정부터 블록의 것이죠. 살인마 노먼 베이츠의 캐릭터도, 유명한 반전도 블록이 만들었고요. 히치콕의 영화는 원작에 비교적 충실합니다. 트뤼포는 베이츠 모자의 관계를 그린 원작의 서술이 반칙이라고 말했지만, 그 정도 서술 트릭은 다들 용납하는 것이고요. 아니, 그게 반칙이라면 샤워실 살인 장면에서 안소니 퍼킨스 대신 여자 모델을 살인자 역으로 쓴 건 반칙이 아닌가요? 제가 보기엔 후자가 더 심한 반칙이에요.

　〈현기증〉 이야기를 해 볼게요. 히치콕은 브왈로-나르스자크 콤비의 원작 『죽은 자들 사이에서』를 각색하는 동안 과격한 수정을 가했습니다. 원작에서는 결말부분에서 밝혀지는 반전을 중간으로 옮기고 이를 통해 킴 노박 캐릭터의 내면을 부각한 것이죠. 이건 앞에서 언급한 '테이블 밑의 폭탄' 개념을 이용한 것으로, 히치콕은 이를 통해 원작을 그대로 옮긴 것보다 훨씬 강렬한 이야기를 만들었습니다. 하지만 여전히 이 영화를 이루는 설정과 아이디어가 브왈로-나르스자크의 것이라는 사실은 바뀌지 않습니다. 그리고 아무리 훌륭한 각색이라고 해도, 영화와 소설의 이야기를 일대일로 비교하며 후자를 깎아내리는 건 좀 그렇죠. 영화의 경우, 대부분 관객들은 극장에서 작품을 순서대로 한 번 봅니다. 하지만 소설, 특히 추리소설의 경우, 독자는 책을 한 번 읽은 뒤 앞으로 돌아가 복선들을 확인하기 마련입니다. 브왈로-나르스자크가 히치콕의 방법을 쓰지 않았다고 해서 기계적으로 그들의 선택이 열등하다고 우길 수는 없어요.

두 작품 모두 히치콕의 영화가 더 유명합니다. 유명한 정도를 넘어서 영화사에 길이 남을 걸작이죠. 원작 소설들은 훌륭하지만 그 정도까지는 아닙니다. 하지만 그 훌륭한 히치콕 영화에서 원작 소설의 비중은 무시할 수 없을 정도입니다. 〈현기증〉은 히치콕뿐만 아니라 브왈로-나르스자크의 개성도 만만치 않은 작품이에요. 이들의 소설을 단 한 편도 읽은 적이 없고, 오로지 각색된 영화만을 접했다고 해도, 여러분은 그 개성을 눈치챌 겁니다. 초자연적으로 보이는 이상한 사건, 정신적으로 불안한 주인공, 논리적인 설명을 시도하지만 여전히 위태롭고 난폭한 결말.

영화사는 주류 문학사와는 다른 종류의 책을 기억하는 도서관과 같습니다. 모든 훌륭한 소설이 영화에 어울리는 건 아니고, 수많은 평범한 소설들이 좋은 각색물을 남기고 잊히니까요. 후자 중 상당수는 예상 외로 좋은 작품일 수 있겠지만, 세상엔 너무 많은 책들이 있고 기억되기보다 잊히기가 쉽습니다. 그런 책 중 일부가 각색물을 통해 두 번째 기회를 얻는 것이죠.

여기서 전 올리브 히긴스 프루티라는 작가에 대해 이야기하고 싶습니다. 20세기 초중엽에는 베스트셀러 작가였지만 지금은 그렇게까지 잘 읽히는 작가는 아닙니다. 하지만 고전 할리우드 영화에 친숙한 사람이라면 이 작가의 원작을 각색한 '여성 대상 영화' 두 편을 알고 있어요. 〈스텔라 달라스〉(1937)*와 〈가자, 항해자여〉(1942)요. 오프닝 크레딧을 대충 무시하는 관객들이라도 이 두 작품을 연달아 보면 동일한 이야기꾼의 개성을 느낄 겁니다. 방향은 정반대지만 격렬한 모녀 관계를 다루고 있고, 드라마틱한 희생과 포기로 결말을 맺고 있으며, 그 과정엔 뻔뻔스러울 정도로 풍성한 멜로드라마가 흐릅니다. 이

---

* 〈스텔라 달라스〉는 세 번 영화화되었습니다. 제가 언급한 영화는 1937년작이에요. 하지만 제 나이 또래 관객들은 배트 미들러 주연으로 만들어진 1990년도 영화가 더 친숙할 거예요. 이 작품은 라디오 드라마로 각색되어 18년 동안 연재되었는데, 최초의 소프 오페라 중 하나로 알려져 있습니다.

건 당연히 감독인 킹 비더나 어빙 래퍼의 개성이 아닙니다. 작가 올리브 히긴스 프루티의 개성이지요. 트뤼포 같은 작가주의자에겐 실망스러운 상황이지만, 이들 이야기가 영화사에 무시 못 할 기여를 했고, 여기서 집중적으로 연구되어야 할 대상은 이야기꾼인 원작자라는 사실은 바뀌지 않습니다.

이들을 기억하고 연구하는 것이 중요한 이유 중 하나는 감독 중심의 영화사가 은근히 왜곡된 기록이기 때문입니다. 최근까지 영화감독 일은 남자, 할리우드에서는 중산층 이상 백인 남자의 일이었습니다. 하지만 할리우드가 원작을 사들이거나 고용한 이야기꾼들의 성비와 인종과 계급은 그렇게 밋밋하지 않았습니다. 그리고 그들은 영화의 내용과 주제에 감독만큼, 아니, 감독 이상으로 영향을 끼쳤지요. 이 다양성을 인식하고 해석하는 건 중요한 작업입니다.

• 위대한 기독교 영화의 시대

위대한 기독교 영화의 시대는 간 것 같습니다.

어디선가 좋은 기독교 영화가 만들어지고 있다는 사실 자체를 부정하지는 않습니다. 제 시야 바깥에서 뭔가 계속 나오고 있긴 하겠지요. 하지만 그 '좋은 영화'가 보편적인 걸작이 될 가능성은 점점 줄어들고 있습니다.

마틴 스코세이지의 〈사일런스〉는 어떠냐고요? 훌륭하지요. 하지만 그 작품은 21세기에 나온 20세기 영화입니다. 스코세이지에 대해 잘 아시는 분들은 〈사일런스〉의 영화화를 위해 얼마나 많은 세월이 소모되었는지 아실 거예요. 이런 계획과 열정이 다시 반복될 수 있을까요. 글쎄요. 아, 그리고 전 멜 깁슨의 〈패션 오브 크라이스트〉가 좋은 영화라고 생각합니다. 그 의도와 결과물이 반동적이고 심지어 악질적이라고도 생각하지만요. 그건 이 작품 역시 21세기에 만들어진 20세기 작품이라는 뜻이기도 합니다. 그리고 깁슨은 대놓고 이를 과시하고 있지요.

20세기로 돌아가 봅시다. 놀랄 만큼 많은 기독교 영화 걸작들이 우리를 맞이합니다. 두 편의 〈십계〉, 〈오데트〉, 〈제7의 봉인〉, 〈벤 허〉, 〈그리스도 최후의 유혹〉, 〈마태복음〉, 〈어느 시골 신부의 일기〉, 〈나의 길을 가련다〉, 〈테레즈〉, 〈몬트리올의 예수〉…. 이들은 모두 진지한 기독교 영화들입니다. 그리고 대부분 대중의 사랑을 받았고 굵직굵직한 상을 탔으며 영화사에 큰 글자로 제목을 새겼습니다.

20세기 서구 국가에서 기독교는 보편적인 무언가였습니다. 스티븐 스필버그의 〈미지와의 조우〉를 보면 장군 하나가 악마의 탑 주변 사람들을 쫓아내기 위한 계획을 짜라고 부하들을 닦달하면서 "내가 필요한 건 300평방마일의 살아 있는 모든 기독교인의 영혼을 쓸어 버릴 무시무시한 거야What I need is something so scary it'll clear three hundred square miles of every living Christian soul"라고 외치는 장면이 나옵니다. 이건 오직 기독교인만 쫓아내라는 말이 아니었습니다. 그냥 그 사람의 언어 시스템 안에서는 '미국인=기독교인'이 당연했어요. 그리고 우리처럼 비서구국가를 사는 사람들도 이 서구의 보편을 당연한 듯 받아들였습니다. 1970~80년대 한국 영화의 리스트를 보면 놀랄 정도로 많은 기독교 영화가 쏟아져 나왔고 관객들도 이에 별다른 거부감을 느끼지 않았다는 걸 알 수 있지요.

그 결과로 나온 게 기독교 소재 대중 영화였습니다. 이들 상당수는 종교랑 상관없이 순전히 돈을 벌기 위해 만들었어요. 로마 시대 배경으로 초기 기독교인들이 나오는 영화를 만들면 엄청난 스펙터클이 가능했으니까요. 이들은 그 시대의 코믹

북 슈퍼히어로 영화였습니다. 그리고 할리우드에서 이 프로젝트를 이끈 제작자들 상당수는 유대인이었습니다. 이 영화들은 종교와 상관없는 다른 종류의 관객들을 모으기도 했습니다. 땀투성이 근육질 남자들이 반나체로 나와 싸우고 뒹구는 영화들이었잖아요.

아, 물론 공산주의자이며 무신론자이고 동성애자였지만 가톨릭 환경에서 자란 영화감독인 피에르 파올로 파졸리니가 만든 진지한 예수 영화 〈마태복음〉도 있었습니다. 종교는 당연한 삶과 문화의 일부였으니까요. 꼭 신을 믿지 않는다고 해도 기독교 소재를 택하는 건 자연스러웠습니다. 신의 존재 유무는 잉마르 베리만의 주인공들에게 아주 중요한 주제였고 이들에게 맛깔스러운 고통과 고민을 안겼습니다.

심지어 종교 영화가 아닌 작품들도 이야기가 기독교 근처로 가면 당황스러울 정도로 예의를 차렸습니다. 외계인과 비행접시, 슈퍼 로봇이 나오는 SF 〈지구가 정지된 날〉의 외계인 주인공 클라투는 왠지 모르게 기독교 신을 믿고 있는 것처럼 행동합니다. 심지어 파충류 외계인이 나오는 미니시리즈 〈브이〉 각본가들도 지구의 기독교가 외계인들에게 위협이 될 거라는 생각을 진지하게 하고 있습니다. 화성인이 격파된 〈우주전쟁〉 끝에 들리는 찬송가 이야기는 꺼내지도 않겠습니다.

그 시대는 갔습니다. 최근 몇 십 년 동안 기독교는 한때 당연한 듯 누렸던 보편성의 보호막을 잃었습니다. 이제 이 영화들은 당연하지 않습니다. 자신의 존재를 설명해야 하거나 (대부분 실패합니다. 종교란 게 다 그렇죠) 이미 같은 믿음을 공유하는 소수를 상대로 해야 합니다. 아, 다른 방법도 있습니다. 호러 영화 속에 들어가 적그리스도나 좀비, 뱀파이어와 싸우는 것이죠. 이럴 때는 비신도들도 가톨릭 신부의 존재를 자연스럽게 받아들입니다. 그 장르의 간달프니까요. 최근 들어 1960년대가 배경인 (제2차 바티칸 공의회가 있었던 시기입니다) 훌륭한 가톨릭 소재 영화들이 나오고 있고 여러분도 몇 편 챙겨보셨으면 하는데, 〈수녀 수련 기간Novitiate〉(2017) 같은 영화를 교황청에서 추천할 거라는 생각은 안 듭니다. 솔직히 종종 교황청 심기를 거슬리는 작품을 만들어 금서 목록에 올리는 게 가톨릭 예술가의 의무라는 생각도 들긴 하는데, 여기에 대해 너무 길게 이야기할 생각은 없고, 이것도 너무 20세기적인 생각인 거 같아요.

최근 기독교 영화(요새는 Faith-Based Movies라고 불립니다. 마치 기독교가 유일한 종교적 믿음인 것처럼요)의 가장 큰 특징은 점점 더 오타쿠물이 되어가고 있다는 것입니다. 이들은 점점 작은 영화가 되어가고 소수의 열성 관객을 타겟으로 잡습니다. 이들은 이미 같은 믿음을 공유하기 때문에 정교한 논리나 예술성이 필요하지 않습니다. 그 결과 나오기 시작한 게 그 끔찍한 〈신은 죽지 않았다〉 같은 부류입니다. 아마 이 영화는 호기심에 끌려 영화관에 들어온 일반 관객을 억지와 비논리로 고문

하려는 목적도 있었을 것입니다.

　심지어 이는 썩 좋은 영화들도 그렇습니다. 신연식의 〈로마서 8:37〉는 한국 교회의 타락을 정직하게 그리는 심각하고 진지한 작품입니다. 하지만 영화는 직접 그린 꼼꼼한 묘사에도 불구하고 이 상황에서는 종교적 믿음과 기도가 답이 아니라는 당연한 사실을 받아들이지 못합니다. 세속 정부가 개입해 세속적인 범죄를 저지른 악당들을 처벌해야 할 이야기인데 주인공은 여전히 종교적 믿음에서 답을 찾으려 합니다. 기자 시사회 때 황진미 평론가가 이에 대해 따졌던 것이 기억납니다. 신연식은 신자 입장에서 설명하기 위해 이렇게 말을 시작합니다. "기독교인의 세계관은요…." 종교 이야기를 하면서 자연스럽게 오타쿠 용어가 나오면 일단 보편은 포기했다고 봐야죠.

　그러니까 옛날 영화를 보아야 할 또 다른 이유는 일급의 인력과 자원이 투여된 보편적인 힘을 가진 훌륭한 기독교 영화를 볼 수 있기 때문입니다. 얼마 전에 전 4K로 복원된 〈오데트〉를 극장에서 볼 수 있었고 이는 정말 만족스러운 영화적 경험이었습니다. 영화가 끝난 직후 알딸딸해진 기분으로는 잠시 '영적 경험'이라는 표현도 쓸 수 있었어요. 여러분도 같은 경험을 하시길 바라요.

---

* 사실 저에게 〈오데트〉 같은 영화들의 기독교 요소에 그렇게 진지한 의미가 있는지도 잘 모르겠습니다. (매우 기독교스럽게) 변태스러운 호러 영화여서 좋아하는 것일 수도 있잖아요? 정상적인 영화에서 〈오데트〉에서 벌어지는 일은 주로 좀비 아포칼립스의 시작이 아니던가요?

하지만 지금은 이들 옛 서구 영화들이 내세우는 보편의 권위에 대해서 의심해 볼 때입니다. 이들은 역사 속에서 지나치게 당연시되었습니다. 이들이 특정 시대와 문화권에 속한 특정 관객들을 위한 무언가라는 것, 보편이 아니라는 것을 인지하는 것은 중요합니다. 그리고 좋은 영화는 관객들이 그런 방향 전환을 거쳐도 살아남을 거예요.

• 스윙 타임

저에 대해 잘 알고 있는 사람은 제가 옛날 영화에 대한 책을 쓴다면 반드시 진저 로저스와 프레드 아스테어 주연의 뮤지컬 영화를 한 편 이상 언급할 거라 생각했을 겁니다. 맞았어요. 여기에서 다룰 작품은 이 콤비의 여섯 번째 공연작인 〈스윙 타임〉(1936)입니다.

하지만 들어가기 전에 할리우드 뮤지컬에 대해 짧게 이야기할까 해요. 할리우드에서 뮤지컬은 옛날만큼은 아니지만 지금도 꾸준히 만들어지고 있습니다. 〈라라랜드〉, 〈인 더 하이츠〉처럼 호평 받은 영화들이 나왔고 스필버그의 리메이크판 〈웨스트 사이드 스토리〉도 개봉했지요.

그럼에도 불구하고 할리우드 고전 뮤지컬에서 느낄 수 있었던 무언가는 어느 시기부터 사라져 버린 것 같습니다. 저는 그 시기가 〈벨이 울리고Bells Are Ringing〉가 나왔던 1960년에 끝난 거 같아요. 이 영화는 MGM의 전설적인 아서 프리드 뮤지컬 유닛이 만든 마지막 영화입니다.[*]

---

[*] 아서 프리드는 할리우드의 작사가이자 영화 제작자로, 1939년부터 MGM에서 수많은 걸작 뮤지컬을 탄생시켰습니다. 그중 〈파리의 아메리카인〉과 〈지지〉는 아

이후 영화들은 심지어 〈사운드 오브 뮤직〉이나 〈웨스트 사이드 스토리〉, 〈마이 페어 레이디〉 같은 아카데미 수상 대작인 경우에도 이전과 느낌이 많이 다르죠. 그리고 지금도 할리우드에서는 이 황금기의 시대에서 완전히 벗어난 영화는 만들지 못하고 있는 것 같습니다. 좋은 영화들은 나오지만 당시처럼 강력한 전통은 보이지 않습니다.*

전 지금의 뮤지컬 감독에게 없는 것은 일상성이라 생각해요. 당시 뮤지컬은 대부분 공장 생산 작품이었습니다. 유성 영화 개발 후 춤과 노래가 영화계에 들어왔고 수많은 전문가들이 대형 스튜디오에서 봉급쟁이로 들어와 뮤지컬을 만드는 것이 세상에서 가장 당연한 일인 듯 큰 야심 없이 일하며 특별한 스타일과 기술을 개발했습니다. 하지만 스튜디오 독점 시절이 끝나자 그 환경이 붕괴되었지요. 좀 이상하게 들릴지 모르지만 할리우드 뮤지컬은 공장 생산 기성품이었을 때 가장 좋았던 것 같습니다. 물론 여러분은 이 생각을 있는 그대로 받아들

카데미상을 탔고 〈싱잉 인 더 레인〉은 영화사상 가장 위대한 뮤지컬 영화로 여겨지고 있지요. 프리드는 자신과 함께 일하는 사람들의 가능성을 최대한으로 끌어올리는 리더였습니다. 유명한 〈싱잉 인 더 레인〉 노래의 작사가이기도 했고요. 프리드를 제외하고 할리우드 뮤지컬의 역사를 이야기하는 건 불가능합니다. 그런데 말입니다. 셜리 템플은 1988년에 낸 자서전에서 프리드의 다른 모습을 폭로했습니다. 당시 11세였던 템플은 MGM과 계약을 맺기 위해 프리드를 찾았는데, 그만 이 남자가 세상에서 가장 유명한 아역배우 앞에서 자기 성기를 꺼냈대요. 남자 몸에 대해 잘 몰랐던 템플은 영문도 모른 채 웃었고, 프리드는 템플을 사무실에서 쫓아냈습니다. 템플이 MGM에서 영화 한 편을 찍고 다시 폭스로 돌아간 건 그 때문이라고 합니다. 제가 잠시 비명을 질러도 양해해 주시기 바랍니다.

* 할리우드가 그런 겁니다. 몇 십 년째 끊어지지 않는 뮤지컬의 전통을 잇고 있는 인도 영화는 사정이 다르죠.

일 필요는 없습니다. 전 흩어진 역사의 재료들로 제 마음에 드는 이야기를 만들었을 뿐이에요. 더 그럴싸한 다른 이야기도 있겠지요. 서부극처럼 유행이 지났다거나. 하지만 전 오늘은 이걸 믿습니다.

〈스윙 타임〉도 공장 생산 영화입니다. 같은 배우 콤비가 비슷비슷한 내용의 영화에 나와 비슷비슷한 춤과 노래를 선보이는데 다 같은 회사에서 제작했다면 그건 기성품이지요. 단지 MGM이 아닌 RKO 시절 영화였어요. 진저와 프레드 콤비 영화 대부분이 대부분 이 회사에서 만들어졌습니다. 그리고 프레드 아스테어가 MGM으로 건너간 뒤에 진저와 재회해서 (그동안 진저는 〈키티 포일〉로 아카데미 여우주연상을 탔어요) 영화를 한 편 더 찍었지요. 하여간 이들은 모두 내용이 비슷했습니다. 진저 로저스의 캐릭터와 프레드 아스테어의 캐릭터가 티격태격하면서 연애를 합니다. 그리고 중간중간에 아름다운 옷을 입고 춤을 추고 노래를 불러요.

〈스윙 타임〉에서 프레드 아스테어는 도박벽이 있는 댄서 럭키입니다. 여자 친구 마가렛과 결혼하려면 돈을 벌어야 해서 뉴욕으로 가는데 거기서 진저 로저스가 연기하는 댄스 학원 교사 페니를 만나 댄스 파트너가 됩니다. 그냥 얼렁뚱땅 해결되는 평범한 로맨틱 코미디의 플롯입니다. 중요한 건 이 단순한 이야기가 두 캐릭터에게 밀고 당기는 미묘한 긴장감과 리듬을 제공해 주고 그것이 춤과 노래로 연결된다는 것입니다.

"프레드는 진저에게 클래스, 진저는 프레드에게 섹스 어필을 주었다He gave her class and she gave him sex appeal"라고 캐서린 헵번은 말했습니다. 이들에 대한 말 중 가장 유명하지만 지금은 많은 사람들이 이상하게 생각합니다. 클래스는 그렇다 쳐도 이들 영화에서 섹스 어필을 느끼기는 힘들거든요. 이들 사이엔 분명 호감과 긴장감이 있는데 그게 성적인지는 모르겠어요.

성적 긴장감이 느껴지지 않는 가장 큰 이유는 프레드 아스테어가 남성성을 과시하는 댄서는 아니었기 때문입니다. 이들의 춤에서 두 파트너의 동작은 그냥 평등해요. 많은 경우 댄서의 성별을 바꾸어도 크게 티가 나지 않을 정도지요. 두 사람은 동일한 중력을 받으며 비슷한 방식으로 자신의 몸에 책임을 집니다. 이들에겐 댄스를 통해 거의 추상적이라고 할 수 있는 아름다움을 완성하는 협력자라는 것이, 잘 보이지도 않는 섹스 어필보다 훨씬 중요해요. 그 때문에 이들은 종종 연인보다는 친구나 동료, 가족처럼 보이기도 하는데, 그러고 보니 아스테어의 이전 댄스 파트너는 누나인 아델이었지요. 그때 버릇이 남았을 수도 있겠습니다.

〈스윙 타임〉은 비슷한 반복을 통해 발전한 이들의 파트너십이 절정에 달한 작품입니다. 이 영화에 나오는 모든 댄스 장면이 좋지만 전 두 주인공이 처음 만나 추는 "Pick Yourself Up"가 최고 같습니다. 서툰 학생인 척 굴던 아스테어가 학원에서 쫓겨날 위기에 처한 로저스를 구하기 위해 갑자기 노련한 댄서처럼 춤을 추는데, 물론 설정에 맞는 사실적인 연기 따위는 아니지요. 하지만 그전까지는 서툴고 손발이 안 맞는 것 같아 보였던 두 사람이 마술과도 같이 완벽한 파트너가 되어 날아다니는 걸 보면 한숨이 나옵니다. 모든 것이 우주의 법칙에 맞추어 완벽하게 돌아가는 게 느껴져요.

프레드 아스테어가 나오는 영화들은 어떤 감독이 연출하건 비슷비슷합니다. 내용이 비슷비슷해서 그럴 수도 있지만 모든 댄스 장면에 같은 스타일을 고집했기 때문이지요. 영화배우의 역동적인 동작을 보여 주는 데에는 두 가지 길이 있습니다. 최대한 영화적 도구를 총동원해서 액션을 살리거나, 별다른 장식 없이 있는 그대로 보여 주거나. 아스테어는 후자였습니다. 어떤 춤을 추건 아스테어는 몸 전체가 드러나게, 자잘한 편집 없는 롱테이크로 자신을 찍었습니다. 그것만으로도 자신이 관객들을 압도할 수 있다는 걸 알았고 그건 사실이었으니까요. 전 지금 뮤지컬 영화를 만드는 사람들에게 이런 자신감이 부족한 게 아닌가 싶습니다.*

현대 관객의 눈으로 볼 때 이 영화에서 가장 신경 쓰이는 부

---

* <라라랜드>의 'A Lovely Night' 댄스 장면은 프레드 아스테어 영화의 스타일을 그대로 흉내내고 있지요. 양옆이 훤하게 비는 와이드스크린 영화이고 엠마 스톤과 라이언 고슬링은 그렇게까지 노련한 댄서가 아니라 아주 닮지는 않았지만 그래도 그 정직함은 남아 있습니다. 전 이 정직함을 한국전쟁을 배경으로 한 강형철의 뮤지컬 영화 <스윙키즈>가 따라했다면 얼마나 좋을까 생각합니다. 댄스가 중심인 뮤지컬이면서 댄서의 팔다리가 어느 몸에 붙어 있는지도 안 보이는 영화였어요. 어차피 그 영화에서 관객들은 주인공들에게서 완벽한 댄스 같은 긴 기대하지 않는데 말입니다.

분은 프레드 아스테어의 솔로인 "Bojangles of Harlem"입니다. 기술적으로는 압도적이지요. 아스테어는 자신의 거대한 그림자 셋과 함께 근사한 춤을 춥니다. 문제는 그러는 동안 아스테어가 얼굴에 검은 칠을 한 블랙페이스라는 것입니다. 아무 고민 없이 민스트럴의 블랙페이스 분장을 그대로 한 〈브로드웨이의 연인들Babes on Broadway〉(1941)의 미키 루니와는 달리 그냥 흑인 분장이지만요.*

여기엔 이유가 있습니다. 보쟁글스는 당시 유명했던 흑인 댄서 밥 로빈슨의 별명입니다. 아스테어는 이 춤을 추며 스승이기도 했던 흑인 댄서 존 W. 버블스의 스타일을 가져오기도 했지요. 그러니까 아스테어는 이를 통해 두 흑인 연예인을 예찬하려고 했던 것이고 그때는 이게 좋은 일처럼 보였습니다. 하지만 당시 현역이었던 연예인을 예찬하고 싶었다면 그냥 그들을 불러오는 게 맞지 않았을까요. 이게 과연 흑인 연예인의 캐리커처가 아닐까요. 여러 생각과 분석들이 이어질 수 있겠지요. 하지만 여러분이 가장 먼저 해야 할 일은 하나입니다. 이제 밥 로빈슨과 존 W. 버블스라는 이름을 알았으니 당시 인종 차별적인 미국 연예계에서 스스로 길을 닦았던 이들의 작품들을 챙겨 보는 것이죠.

* 미키 루니는 할리우드의 가장 악명 높은 옐로페이스였던 〈티파니에서 아침을〉의 미스터 유니요시이기도 했습니다. 나중에 인터뷰한 걸 보면 루니는 이게 뭐가 잘못된 것인지도 제대로 이해하지 못했던 것 같습니다.

● 라이언 머피의 세계

최근 몇 달을 투자해서 지금까지 나온 〈아메리칸 호러 스토리〉 모든 시즌을 완주했습니다. 언젠가는 보겠다고 생각했던 시리즈였는데, 손이 안 가서 계속 미루다 결국 넷플릭스로 보았어요. 모르시는 분들을 위해 간단히 설명을 하자면, 이 시리즈는 라이언 머피와 브래드 팔척이 제작한 호러 시리즈로, 매 시즌마다 이야기가 완결되는 앤솔러지 형식을 취합니다. 각각의 시즌은 모두 다루는 서브장르가 조금씩 달라요. 슬래셔, 귀신들린 집 이야기, 파운드푸티지물, 오컬트물 기타 등등. 시대 배경도 조금씩 차이가 있고요. 어떤 시즌은 현대 배경이지만 어떤 시즌은 1960년대나 1980년대를 배경으로 하고 있지요.

시즌마다 퀄리티가 들쑥날쑥했지만, 그래도 재미있는 여정이었습니다. 무엇보다 '미국 호러 영화'라는 방대한 세계의 역사를 따라가는 재미가 있었습니다. 이 시리즈는 모든 시즌이 지금까지 나온 옛 미국 호러 영화의 오마주와 패러디, 재해석으로 이루어져 있었으니까요. 아니, 종종 그 이상이었어요. 몇몇 시즌은 그냥 리메이크였습니다.

가장 노골적인 리메이크는 제가 이 시리즈 최고작이라고 생각하는 시즌 2의 〈정신병자 수용소〉입니다. 이 시즌의 무대는 미치광이 의사 아서 아든이 환자를 상대로 끔찍한 실험을 하는 1960년대의 정신병원입니다. 신문기자 라나 윈터스는 그 안에서 벌어지는 사건을 취재하기 위해 정신병원으로 들어갔다가 환자로 감금됩니다.

그런데 아주 비슷한 설정의 영화가 1946년에 나왔습니다. 발 루튼 B 영화 제작팀이 만든 마지막 호러 영화인 마크 롭슨 감독의 〈배들럼〉이지요. 그 영화의 설정은 다음과 같습니다. 1761년 영국, 조지 심즈라는 사악한 악당이 정신병원에 군림하면서 환자들을 착취하고 있었습니다. 정의로운 여자 주인공 넬 보웬은 심즈에 맞서지만 그만 심즈의 음모에 말려들어 환자로 몰려 갇히고 말아요. 세세한 내용도 일치해요. 라나가 병원에서 동성애 전환치료를 받는 과정은 심즈가 넬 보웬을 '치료'하려는 시도와 겹쳐지지요. 아든과 심즈가 모두 병원 안에서 실종된다는 점도 지적해야겠군요.

정말 리메이크일까요? 머피나 팔척이 이 영화에 대해 언급하는 걸 들은 적 없습니다. 하지만 너무 비슷한 걸요. 물론 (비공식) 리메이크라고 해도 이 시리즈의 모든 재료들이 〈배들럼〉에서 나오지는 않았겠지요. 그럴 수도 없는 것이고요. 정신병원의 묘사는 아마 드라마 안에서도 언급되고 이용되는 마이클 마이젤의 라이프지 기사 '배들럼 1946'과 빌 발디니의 펜허스트 정신병원 폭로 취재에 직접적인 영향을 받았겠지요. 루튼의 〈배들럼〉도 실화와 실존 인물에 바탕을 두고 있습니다. 런던의 베들레헴 정신병원과 당시 원장이었던 존 먼로지요. 현실 세계에서 비슷비슷한 이야기들은 반복되고 수렴됩니다. 그 이야기들은 비슷비슷한 허구로 이어지고요. 비슷한 설정의 이야기를 만들다 보면 의도하지 않은 리메이크가 나올 수도 있지요. 하지만 의도적인 리메이크가 맞을 겁니다. 머피와 팔척이 다른 시즌에서도 수많은 옛 영화의 재료를 통째로 가져와 이용했거든요. 시즌 2보다 뻔뻔스러운 인용은 시즌 4 〈프릭쇼〉에 나오는데, 이 시즌의 설정과 몇몇 장면은 토드 브라우닝의 컬트 고전 〈프릭스〉(1932)에서 그냥 가져온 것입니다. 이 정도까지는 아니더라도 수많은 인용이 전 시즌에 흩어져 있어서 종종 이 드라마는 옛날 호러 영화에 대한 퀴즈쇼처럼 보이기도 합니다.

다시 말해 〈아메리칸 호러 스토리〉는 미국 역사뿐 아니라 미국 영화사에 대해서도 어느 정도 지식이 있는 사람들에게 최적화된 작품입니다. 〈배들럼〉이나 〈프릭스〉를 몰라도 이 시리즈를 재미있게 보는 데 문제가 없습니다. 그래도 이 작품이 막연한 호러 클리셰를 다루는 게 아니라 구체적인 작품에서 구체적인 인용을 하고 있다는 걸 아는 시청자들에겐 의미 자체가 다르죠. 늘 하는 말이지만 어떤 작품의 독창성을 평가하려면 그 작품을 이루는 것들 중 무엇이 인용인지 알아야 합니다. 〈아메리칸 호러 스토리〉는 적극적으로 옛 호러 영화의 라이브러리를 시청자에게 소개하는 작품입니다. 이 시리즈만 보고 끝난다면 아무래도 아쉽지요. 이들이 소개하는 과거로 직접 들어가 봐야 창작자와 시청자의 대화가 완성됩니다.

옛 할리우드 영화에 대한 라이언 머피의 애정과 집착이 더 노골적으로 드러나는 작품은 이후에 나온 〈래치드〉와 〈오! 할리우드〉입니다. 저는 〈래치드〉 시즌 1은 〈아메리칸 호러 스토리〉를 완주한 후 이어 보았고 미니시리즈인 〈오! 할리우드〉는 이 책의 초고를 다듬는 중에 보았어요. 둘 다 그렇게까지 좋은 작품은 아닌데 그래도 할 이야기는 많습니다. 특히 후자에 대해서는요. 이 작품은 제가 이 책에서 다룬 옛 할리우드에 대한 거의 모든 이야기를 품고 있습니다. 한번 보시길 바라요. 단지 이들을 엮어 풀어가는 이야기가 심하게 미심쩍지만요.

〈래치드〉는 오로지 옛 할리우드 영화 마니아만이 만들어 낼 수 있는 기괴한 조합으로 시작됩니다. 켄 키지의 소설 『뻐꾸기 둥지 위로 날아간 새』와 이를 각색한 밀로스 포만의 동명 영화의 악역인 수간호사 밀드레드 래치드의 과거 이야기지요. 시작부터 어이가 없습니다. 밀드레드 래치드는 강렬한 악역으로, 이 영화로 아카데미상을 받은 루이즈 플레처의 연기도 훌륭했지만 이 사람의 과거가 궁금한 사람은 아무도 없었어요. 오로지 현재만이 중요한 캐릭터지요. 그런데도 머피는 굳이 이 사람이 1947년에 무엇을 하고 있었는지 상상합니다. 그리고 드라마를 보시면 아시겠지만, 머피의 래치드와 키지와 포만의 래치드는 같은 사람일 수가 없습니다. 어쩌다 보니 이름, 직업, 나이가 같은 다른 사람이에요.

만약 머피가 사실적인 1940년대를 그렸다면 이 간극은 상대적으로 덜 느껴졌을 겁니다. 하지만 머피는 40년대 영화와 책에 나오는 캘리포니아를 21세기식 선정성을 더해 재해석했습니다. 그리고 머피가 흉내내는 1940~50년대 할리우드 영화와 〈뻐꾸기 둥지로 날아든 새〉가 속한 1970년대 할리우드 영화는 완전히 다른 종족입니다. 현실은 연속적이지만 영화는 그렇지 않아요. 무엇보다 머피는 키지와 포만이 추구했던 사실주의에 티끌만큼의 관심도 없습니다.

그런데도 머피는 굳이 이 두 개를 엮었습니다. 이유야 여럿 있겠죠. 이성애자 백인 히피 남자가 주인공인 〈뻐꾸기 둥지 위로 날아간 새〉의 남성중심주의가 싫어서 그랬을지도 모릅니다. 1970년대 영화 속 캐릭터를 1940년대 영화 패러디로 데려오면 완전히 다른 무언가를 만들 수 있다고 생각했는지도 모릅니다. 하지만 시즌 1까지만 보면 오리지널 밀드레드 래치드는 드라마에 희미한 흔적만 남기고 사라져 버린 것 같습니다. 시즌이 계속 이어져 〈뻐꾸기 둥지 위로 날아간 새〉의 이야기와 겹쳐지면 어떻게 될지 또 모르겠습니다만.

이 두 드라마를 통해 알 수 있는 것이 하나 있습니다. 그건 머피가 미국 역사와 사회에 깊은 관심을 갖고 있지만, 과거를 그리기 위해 얻는 재료들은 오로지 영화와 같은 과거의 대중

문화에서만 얻는다는 것입니다. 이유는? 옛날 영화들이 좋은 가 보죠. 이해가 가요. 저도 옛날 할리우드 영화가 좋거든요.

이어지는 〈오! 할리우드〉는 세 작품 중 가장 기괴합니다. 너무 기괴해서 적응이 조금 힘들 정도였어요.

이 미니시리즈의 시대 배경도 1940년대 중반입니다. 무대는 할리우드예요. 에이스 스튜디오라는 가상의 영화사와 얽힌 사람들에 대한 이야기입니다. 배우를 꿈꾸는 참전 용사 잭 코스텔로, 주유소인 척하는 매매춘업소를 운영하는 어니와 같은 가공 인물도 있지만, 안나 메이 웡, 록 허드슨, 헨리 윌슨과 같은 실존 인물도 나옵니다. 단지 이들의 이야기는 우리가 아는 역사에서 분리됩니다. 이 영화의 메인 스토리는 할리우드 사인에서 투신 자살한 실존 인물인 영국 배우 펙 엔트휘슬의 전기 영화를 만드는 과정입니다. 그런데 영화 중간에 이 프로젝트는 흑인 배우가 주인공인 〈멕〉이라는 영화로 바뀌고* 이 작

---

* 이 드라마에서 멕을 연기한 주연 배우의 이름은 카밀 워싱턴입니다. 머피는 아마도 프레디 워싱턴을 염두에 두었던 것 같습니다. 워싱턴은 1934년 버전 〈슬픔은 그대 가슴에〉에서 백인으로 패싱하려는 흑백 혼혈 캐릭터 페올라를 연기한 흑백 혼혈 배우입니다. 이 영화를 보신 분들은 워싱턴이 등장하는 순간 1930년대 할리우드에서 가장 아름다운 사람 중 한 명이 눈앞에 나타났다는 느낌을 받았을 겁니다. 그만큼 미인이었고 미모에 걸맞는 스타성이 넘치는 사람이었어요. 하지만 할리우드는 워싱턴에게 그에 맞는 역할을 주지 않았습니다. 무엇보다 백인 남자와 로맨스를 찍는 게 불가능했으니까요. 〈멕〉에서 멕이 백인 남자와 연애하는 장면은 그냥 소망성취 판타지에 불과했습니다. 어쩔 수 없이 워싱턴은 할리우드를 포기하고 뉴욕의 무대로 돌아가야 했습니다.

지금의 추억의 명화 팬들이 익숙한 〈슬픔은 그대 가슴에〉는 패니 허스트의 원작 소설을 더글러스 서크가 시대 배경을 바꾸어 다시 각색한 작품입니다. 여기서 페올라에 대응하는 사라 제인의 캐릭터를 연기한 배우는 백인 배우 수잔 코너였습니다. 캐스팅만 보면 퇴행한 것이죠. 코너는 남성복 디자이너 존 웨이츠와 결혼한 뒤 은퇴했는데, 이들 사이에서 태어난 폴과 크리스 웨이츠는 영화감독 겸 각본가

프레디 워싱턴

품은 1947년 아카데미에서 작품상과 여우주연상, 각본상, 여우조연상을 받습니다. (실제 역사에서 당시 작품상 수상작은 미국의 반유대주의를 비판한 엘리아 카잔의 다소 미적지근한 영화 〈신사협정〉이었습니다) 그러니까 이건 대체 역사를 다룬 SF인 것입니다.

보통 대체 역사를 다룬 작품에서 가장 중요한 건 분기점입니다. 어느 지점에서 일어난 변화가 이후의 역사를 크게 바꿀 수 있는 상황에서 설득력 있는 대체 역사가 만들어지죠. 수상쩍을 정도로 아는 게 많은 시간 여행자가 과거로 떨어진다, 스페인 무적함대가 영국을 침략해 엘리자베스 1세가 살해당한다, 독일과 일본이 제2차 세계 대전에서 승리한다 등등.

〈오! 할리우드〉에서 그 변화는 무엇일까요? 그건 에이스 스

로 〈아메리칸 파이〉, 〈어바웃 어 보이〉 같은 영화들을 만들었지요. 역시 제가 군이 알고 싶지 않았지만 알게 된 이야기입니다.

튜디오의 몇몇 사람들이 아무 이유 없이 21세기 미국 리버럴 영화인처럼 굴기 시작한다는 것입니다. 그 때문에 순식간에 여성 제작자 밑에서 동성애자, 흑인, 아시아계 사람들이 모여 흑인 주인공이 나오는 영화를 만들고, 그 영화를 본 1940년대 미국인들이 모두 열광하고 아카데미상까지 준다는 것입니다.

전 설득되지 않았습니다. 당시의 미국이 그 정도 분기점만으로 변할 수 없는 곳임을 알기 때문이지요. 역사는 단단하고 그를 이루는 사람들도 마찬가지입니다. 과거의 할리우드가 더 인종적으로 다양하고 백인 이성애자 남자가 아닌 사람들을 차별하지 않는 곳이었다면 저도 좋았을 겁니다. 하지만 할리우드는 그런 곳이 아니었습니다. 안팎에 있는 수많은 사람이 현실 세계에서 투쟁하고 있었는데도 그랬습니다. 게다가 40년대 후반 미국은 이미 보수화의 길을 걷고 있었지요. 〈오! 할리우드〉에서 일어난 일은 그냥 불가능했습니다.

머피가 이를 몰랐을 리 없습니다. 저보다 미국 역사와 영화사에 대해 더 잘 아는 사람일 테니까요. 그럼에도 이런 판타지를 밀어붙인 이유는 단 하나 아닐까요. 그냥 다양한 인종과 성적지향성을 가진 사람들이 옛 할리우드 영화를 만들고 상을 타는 것을 보고 싶었던 겁니다. 자기 같은 할리우드 업계 사람들의 노력을 통해서요. 맘만 먹으면 요즘도 옛 시대 스타일로 이런 영화를 만드는 게 가능하지만 (토드 헤인즈의 〈파 프롬 헤븐〉과 〈캐롤〉을 보세요) 그들은 여전히 21세기 영화이고 진짜 옛날 영화는 아니니까요. 저도 이해가 가요. 바로 몇 십 페이지 전에 안나 메이 웡의 더 나은 경력을 상상했으니까요. 머피는 더 적극적으로 굴었을 뿐입니다.

하지만 이 모든 게 여전히 거짓말이라는 사실은 달라지지 않습니다. 실제 역사와 실제 사람들을 소망성취의 대체 역사를 위해 뒤틀고 있으니까요. 좋은 대체역사 SF는 이렇게 만들어지지 않습니다. 무엇보다 신경이 쓰이는 건 이런 망상이 언제나 존재했던 실제 사람들의 필사적인 투쟁을 없는 척한다는 것입니다. 할리우드와 할리우드의 영화는 세상의 아주 작은 부분입니다. 이들에 대한 설득력 있는 이야기를 하려면 냉정한 눈으로 세상의 다른 부분을 먼저 보아야 합니다.

• 타란티노의 할리우드

라이언 머피 이야기를 꺼냈으니 쿠엔틴 타란티노 이야기를 안 할 수가 없군요. 앞에서 말했지만 타란티노는 영화감독, 각본가로서만큼이나 영화광과 평론가로서도 중요한 인물입니다. 이 중요성은 거의 마틴 스코세이지에 견줄 만하지요.

많은 사람들이 타란티노를 동시대를 대표하는 젊은 감독이라고 여기는데 전 이게 조금 당황스럽습니다. 분명 젊은 에너지와 아이디어가 넘치는 영화를 만들긴 해요. 하지만 이 사람의 취향은 20세기 중후반에 고정되어 있어요. 옛날 영화를 좋아하고 옛날 영화처럼 생긴 영화들을 만드는 사람이지요. 여전히 필름을 고수하고 심지어 〈헤이트풀 8〉 같은 영화는 울트라 파나비전 70밀리로 찍었는데, 아니, 이걸 제대로 틀 수 있는 극장이 전 세계에 몇 개나 되냔 말이죠.

영화감독으로서 타란티노는 DJ 같은 사람입니다. 머릿속엔 수많은 옛날 영화의 데이터베이스가 갖추어져 있어요. 그리고 영화를 이루는 거의 모든 재료들이 그 데이터베이스에서 나옵니다. 이들이 조합되어 고유의 스타일 안에서 타란티노 영화로 완성되는 것이지요. 타란티노를 제대로 모방하기 힘든 것도 그 때문입니다. 이 오리지널 소스에 대한 이해 없는 모방은 겉핥기일 수밖에 없습니다. 타란티노의 골수팬들은 타란티노의 추천작을 보는 관객이기도 합니다. 이 사람은 자기 이름을 단 영화제도 갖고 있어요. 매 영화가 나올 때마다 타란티노는 자신의 영화에 영향을 준 옛 영화의 리스트를 풉니다. 그럼 팬들은 또 숙제하듯 그 영화들을 봐요. 타란티노의 추천작은 그 자체가 하나의 장르입니다.

좀 범생이 같은 사람입니다. 사람들은 종종 타란티노가 얼마나 범생이인지 잊어요. 워낙 캐릭터와 대사가 생생하고 남성적인 폭력으로 절어 있으니까요. 하지만 생생한 캐릭터와 대사는 타란티노가 예민한 관찰력과 표현력을 가진 작가라는 것을 증명할 뿐이고, 영화의 폭력성은… 아, 이 사람이 교과서로 삼은 영화들이 그런 부류니까요.

타란티노는 강하고 인상적인 여성 캐릭터를 만들 수 있는 사람으로도 알려져 있습니다. 그건 맞습니다. 그런데 타란티노의 여성들은 거의 모두가 1970년대 전후에 나온 선정 영화의 캐릭터들에 기반을 두고 있습니다. 이들을 아주 교과서적으로 변주한 결과예요. 제가 타란티노의 여성 묘사를 늘 미심쩍어하는 이유는, 이들의 인상적인 묘사에 이런 종류 옛날 영화에 거의 의무적으로 들어가던 여성 대상 폭력의 페티시까지 따라 붙은 것처럼 보이기 때문입니다. 당시 영화에선 이 둘을 떼어놓기가 힘들었어요. 그리고 이런 영화의 폭력에는 절대로 못 본 척할 수 있는 특유의 질감이 있는데, 타란티노 영화엔 그게 보여요.

타란티노는 〈재키 브라운〉, 〈장고〉 같은 인상적인 흑인 캐릭터를 주인공으로 한 영화들도 만들었습니다. 이유는 위 문단에서 한 설명과 겹쳐요. 〈재키 브라운〉은 둘이 겹치는 영화이기도 하고요. 타란티노는 옛날 블랙플로이테이션 영화의 팬이어서 참고할 수 있는 재료들이 풍부하고 좋은 작가라 맘만 먹으면 여기서 훌륭한 캐릭터와 이야기를 짜낼 수 있지요.

그런데 타란티노는 정말 병적으로 N으로 시작되는 특정 욕에 집착하는 사람이기도 합니다. 오랜 블랙플로이테이션 영화의 팬으로서, 자기는 그럴 자격이 있다고 믿는 거 같습니다. 이런 대사를 오랜 친구인 사무엘 L. 잭슨에게 주면 상관이 없겠지만 그렇다고 이게 모두에게 통하는 건 아니죠. 〈크림슨 타이드〉 현장에서 타란티노가 각본에 삽입한 인종 차별적인 대사 때문에 덴젤 워싱턴과 한 판 붙었다는 전설도 전해오죠. 물론 이런 싸움에서는 당사자성이 있는 사람이 이길 수밖에 없습니다.

영화광 타란티노의 문제점이 슬슬 눈에 보이기 시작한 것은 〈바스터즈: 거친 녀석들〉부터였습니다. 개인적으로 이 작품은 〈재키 브라운〉 다음으로 제가 좋아하는 타란티노 영화입니다. 여기서 제가 지적하려는 히틀러 암살 성공이라는 역사 개변도 전 그냥 그런가 보다 하고 넘겼습니다. 당시 제 생각은 이 작품의 이야기가 1940년대에 만들어진 가상의 전쟁 선전 영화라는 맥락 안에서 존재한다는 것이었습니다. 물론 당시엔 타란티노 스타일의 영화는 존재할 수 없었지만 그럴 수 있다고 쳤어요. 지금도 그 생각 자체는 바뀐 게 없습니다.

하지만 비슷한 게임을 하는 〈원스 어폰 어 타임 인 할리우드〉를 보고 난 뒤로는 이 게임 자체가 수상쩍어졌습니다. 이 영화에서는 레오나르도 디카프리오가 연기하는 옆집 사는 이류배우가 샤론 테이트와 친구들을 죽이려는 맨슨 패밀리 일당을 먼저 죽여 버리죠. 결국 우리가 아는 끔찍한 살인은 일어나지 않고, 타란티노가 향수하는 그 옛날의 할리우드는 유지됩니다.

이 두 영화의 문제점은 타란티노가 제2차 세계 대전과 20세기 할리우드라는 배경을 다루면서 실제 역사의 무게에 전혀 관심이 없다는 것입니다. 〈바스터즈: 거친 녀석들〉의 세계는 제2차 세계 대전 영화라는 장르의 조각들로 만들어진 게임 공간입니다. 〈원스 어폰 어 타임 인 할리우드〉에 나오는 사람들은 오로지 타란티노가 당시 영화를 통해 익힌 이미지들로만 만들어졌습니다. 당연히 이야기꾼 타란티노는 스토리텔링이라는 게임을 통해 마음에 드는 결말을 선택할 수 있습니다.

제가 이 책에서 수없이 말했지만 우리는 옛날 영화와 실제 역사를 구분해야 합니다. 옛 할리우드 영화를 통해 접하는 정보 대부분은 모두 실권이 있는 백인 남자들에 의해 조작되고 검열되었습니다. 이 당시의 진짜 역사를 그리려면 우리는 이들이 제대로 그리지 않은 사람들의 이야기를 일부러 찾아 들어야 합니다.

타란티노는 그러지 않았습니다. 샤론 테이트를 추도하는 영화임에도 이 영화는 철저하게 두 백인 남자들을 통해 그려지고, 테이트의 내면에는 한 발짝도 들어가지 않습니다. 잘난 척하다가 브래드 피트가 연기하는 스턴트맨에게 얻어터지는 브루스 리의 캐릭터는 더 심각합니다. 브루스 리의 가족과 실제 이 사람을 알고 지냈던 카림 압둘 자바와 같은 지인들은 이 묘사의 문제점을 지적했는데, 그 비판은 그냥 무시되고 있고, 얼마 전에 나온 소설판에서도 그 비판은 반영되지 않았습니다.

타란티노는 당시 샤론 테이트, 브루스 리, 낸시 콴과 같은, 백인 남자가 아닌 사람들이 할리우드에서 살아남으려면 어떤 노력을 하고 어떤 착취와 부당함을 견뎌야 했는지 관심이 없습니다. 그건 옛날 영화에 나와 있지 않기 때문입니다. 그 때문에 백인 남자들의 깽판 때문에 어쩌다 목숨을 건진 이 영화의 샤론 테이트는 영화 내내 그냥 결백하고 사랑스럽고 실체 없는 이미지로만 남습니다. 저에겐 이게 스턴트맨에게 얻어터지는 브루스 리의 묘사만큼이나 모욕적으로 느껴져요.

타란티노가 자기가 만든 이야기 세계라는 닫힌 공간 안에만 머무는 존재였다면 이는 그냥 미심쩍고 불쾌한 선에서 끝나고 말았을 겁니다. 하지만 모든 창작자는 실제 세계에 자연인으로 존재합니다. 타란티노를 이야기할 때 뗄 수 없는 인물인 하비 와인스타인이 끔찍한 성범죄자임이 밝혀지고 할리우드 시스템이 이를 묵인하고 있었으며 타란티노 자신도 이 거미줄 안에서 다소 맥 빠진 방관자로 머물렀다는 것이 밝혀진 지금, 이 셀룰로이드의 조각들로 만든 할리우드의 이야기를 관대하게 바라보기는 쉽지 않습니다. 이게 심지어 미투 운동이 한창이었던 당시에 대한 타란티노의 반응이었다는 걸 생각하면 더욱 그렇고요.

• 시네마!

21세기에 태어난 마블 영화팬들 상당수는 마틴 스코세이지*를 예술 영화만 밝히는 갑갑한 늙은 꼰대 정도로 여길지도 모르겠습니다.

스코세이지를 꼰대라고 부르는 건 충분히 있을 수 있는 일입니다. 하지만 이 양반이 고고한 예술 영화만 밝히는 노인네라는 생각은 완전히 잘못됐습니다. 반대로 스코세이지는 세상에서 가장 다채롭고 재미있는 영화 리스트를 만드는 사람입니다. 구글에서 스코세이지 리스트로 검색해 보세요. 온갖 장르에 속한 별별 신기한 영화들을 다 찾을 수 있습니다. 어떤 사람들은 스코세이지가 새로운 세대의 예술을 제대로 이해하지 못하는 늙은이라고 몰아붙이는데, 아니, 새로운 것을 가장 잘 알아보는 건 여전히 최전방 현장에서 뛰고 있는 경험 많은 노인네라고요. 본 게 없는 사람들은 온갖 게 다 신기하고 새롭죠.

마블 팬들이 스코세이지에게 원한을 품고 있는 건 "마블 영화는 시네마가 아니다"라는 발언 때문입니다. 이 발언은 엄청

---

* 도입부의 인용구를 딴 책에서 이 이름은 스콜세지라고 표기되었습니다. 씨네21에서는 스코시즈라고 표기하고 이 책의 편집자는 스코세이지를 선택했습니다. 하지만 이 이름의 정확한 표기는 스코세시에 가까워요.

난 후폭풍을 불러일으켰고 나중에 이를 보충 설명하는 「뉴욕 타임스」 기고문이 뒤를 이었는데 분노할 팬심을 안정시킬 정도는 아니었습니다.[*]

이 갈등은 결코 봉합될 수 없습니다. 그건 여기서 시네마라는 단어가 정확하게 정의된 것이 아니기 때문입니다. 우리는 스코세이지가 무슨 이야기를 하려 하는지, 그 이야기의 맥락 안에서 시네마가 어떤 뉘앙스로 쓰이고 있는지도 압니다. 하지만 이 단어는 여전히 정의되어 있지 않고 우리가 대신 정의할 수도 없습니다. 종종 그 단어는 스코세이지가 경멸하는 '콘텐츠'라는 단어의 반대로 사용됩니다. 하지만 이 맥락 안에선 콘텐츠 역시 제대로 정의되지 않은 단어지요.

어떤 사람들은 스코세이지가 걸작을 가리키는 단어로 이 단어를 썼을 거라 생각합니다. 하지만 전 이 양반이 로저 코먼 (그 자신도 잠시 밑에서 일한 적 있는)의 회사에서 관객들 푼돈을 노리고 만든 싸구려 괴물 영화도 시네마의 범주에 포함시킬 거라는 확신이 있습니다. 그렇다고 요새 할리우드에서 만들고 있는 블록버스터들이 시네마가 될 자격을 잃을까? 그렇지도 않을 걸요. 그렇다면 보다 정확하게 정의된 단어를 갖고 다시 논쟁을 시도해 보면 어떨까? 아니, 왜 그런 귀찮은 짓을. 그냥 영감 눈엔 지금 할리우드의 지루한 흐름이 맘에 안 들고 거

---

[*] Martin Scorsese, "I Said Marvel Movies Aren't Cinema", NY Times, 2019.11.04., www.nytimes.com/2019/11/04/opinion/martin-scorsese-marvel. amp.html

기엔 매우 타당한 이유가 있으며 이를 설명하고 자신이 중요하다 여기는 영화적 가치를 지지하기 위해 시네마라는 단어를 아주 소중하게 쓰고 있다는 정도만 이해하면 됩니다. 일상어에서 모든 단어가 그렇게 엄격하게 정의될 필요는 없어요.

슬슬 정리하고 빠질 타이밍입니다. 하지만 전 여전히 이 시네마라는 단어가 걸려요. 이 챕터를 쓰면서 저는 이 단어가 저에게 어떤 심상을 떠올리는지 생각해보았습니다. 저에겐 이 단어가 여전히 20세기적입니다. 영상 매체가 극장에서 틀어주던 영화가 유일하던 시절 사람들이 느꼈던 경이의 경험이 이 단어에 묻어 있습니다. 그리고 그 시대는 가고 있습니다. 영화는 오래전에 유일한 영상 매체의 자리를 잃었고 우리가 접하는 광범위한 경험의 바다 속에서 점점 위축되어 가고 있습니다. 폴 슈레이더는, 마블 영화는 유튜브 캣 비디오와 마찬가지로 시네마라면서 이 단어를 스코세이지와는 조금 다른 식으로 쓰고 있습니다. 그런데 슈레이더는 여기에 비디오 게임도 포함시킬까요? 어떤 사람들에겐 그게 가장 강렬한 영상 체험일 텐데요.[*]

우리에게 익숙한 영화의 형식은 이미 검증된 것으로, 소설과 시가 그렇듯 앞으로도 오래 남을 겁니다. 제대로 관리되고 운영된다는 조건하에서 영화관은 여전히 특별한 경험을 안겨

---

* GABRIELLA PAIELLA, "Paul Schrader Knows the Perfect Clickbait Headline for This Interview", 「GQ」, 2021.09.07, https://www.gq.com/story/paul-schrader-card-counter-interview

주는 공간이고요. 이들 자체가 단번에 사라지지는 않겠지요. 하지만 시네마라는 단어는 어떻게 될까요? 우리가 아는 보수적인 형태의 영화를 가리키는 단어로 남을까요? 아니면 마블 영화와 유튜브 캣 비디오를 넘어선, 우리가 아직 상상도 할 수 없는 경험까지 포함하는 단어가 될까요.

● 책을 마치면서

1.

『태백산맥』의 저자 조정래의 최근 인터뷰에는 종종 이상한 문장이 섞여 있습니다. 그러니까 이런 거요.

"요즘 젊은 층에게는 역사 체험이 없다. 일제 시대와 6·25 전쟁의 상처를 지닌 세대는 내가 마지막이다. 이후로는 산업화로 잘살게 된 영향이 크다. 일본과 유럽에는 대하소설이 드물다. 남을 침략만 했지, 상처가 없어서 긴 소설이 안 나온다. 그런데 한국은 일제 강점기, 6·25 전쟁, 분단 세 가지가 겹쳤다. 우리 세대가 그 긴 소설을 써낸 거다. 그 뒤 세대는 고뇌와 상처가 적어 일본과 유럽식으로 소설이 점점 짧아지는 것 같다.*"

이게 무슨 소리예요. 대하소설이라는 단어 자체가 프랑스어 roman fleuve의 번역어인데요. 하나 또는 복수의 소설에 프랑스 역사와 사회의 거대한 덩어리를 담으려고 했던 빅토르 위고, 에밀 졸라, 오노레 드 발자크와 같은 사람들을 어떻게 그

---

* "책 읽는 대한민국", 「독서신문」, 2021.04.16, http://www.readersnews.com/news/articleView.html?idxno=102840

렇게 편리하게 잊어버릴 수 있을까요? 그리고 일본에 대하소설이 없다는 건 또 무슨 소리? 조정래 동년배들이 『대망』 번역판을 돌려 보며 밤을 새운 적이 없단 말입니까? 그리고 소설이 짧아졌다는 말은 요새 웹소설엔 전혀 해당이 안 돼요. 정반대로 끝없이 이어지는 이런 이야기를 질리지도 않고 따라가는 독자들이 신기할 정도입니다. 무엇보다 지금 사람들이 겪고 있는 게 역사가 아니라면 무엇이란 말입니까. 이게 역사가 아니라면 우리가 지금 겪는 고통과 분노와 혼란은 어디서 오는 거죠?

조정래의 일인칭 소설에 대한 혐오도 종종 이상할 정도로 선을 넘을 때가 있습니다. 어떤 때는 일인칭으로 쓴 소설 중 걸작이 어디에 있냐고 묻기도 하는데, 제가 그 자리에 있었다면 전 어리둥절한 목소리로 "『제인 에어』, 『잃어버린 시간을 찾아서』, 『모비 딕』요?"라고 되물었을 거 같습니다. 이건 "일본과 유럽에서는 대하소설이 안 나온다"처럼 너무나도 쉽게 격파될 수 있는 말입니다. 기초적인 세계문학전집의 교양만 갖고 있으면 돼요.

왜 이런 이야기를 하고 있는지는 압니다. 특히 일본식 사소설에 대한 경멸은 이해하고 남음이 있지요. 소설문학의 최고 경지가 자신이 쓴 『태백산맥』과 같은 대하소설이라고 생각하는 것도, 동의하지는 않지만 이해는 갑니다. 작가와 독자가 자기 경험 세계를 넘어서는 글을 쓰고 읽어야 한다는 점은 무조건 동의할 수밖에 없습니다. 단지 일인칭 소설 중 좋은 게 어디 있느냐, 유럽과 일본에 대하소설이 어디에 있느냐, 같은 말은 그냥 교과서적인 사실을 무시하는 이상한 소리라는 거죠.

모든 사람들은 이상한 소리를 합니다. 그건 놀라운 일이 아니지요. 이상하고 과격한 주장은 대화의 문을 여는 효과적인 도구이기도 합니다. 단지 그런 소리는 적절한 질문과 대답이 이어져야 완성이 됩니다. 하지만 최근 조정래를 인터뷰 하는 기자들 중 어느 누구도 이 대놓고 이상한 말을 반박하지 않습니다. 이 사람들은 이걸 예의라고 생각할지도 모르겠지만 그럴 리가요. 이건 멀쩡하게 활동하는 현역 작가를 골방 노인네 취급하는 것과 같습니다. 무례하기 짝이 없어요. 대화가 이어진다고 저 문장들이 과연 덜 이상해지느냐. 그런 생각은 안 들지만요.

일인칭과 삼인칭 중 어떤 것을 택할 것인가. 그건 작가가 어느 쪽이 편한가에 달려 있습니다. 조정래는 나름 자기 논리가 있지만, 그건 자기가 편하다는 뜻 이상도 이하도 아니지요. 그건 굉장히 일인칭적인 사고방식입니다. 세상은 자기 경험을 넘어서는 수많은 경험이 있습니다. 그들을 쉽게 무시할 수는 없지요. 무엇보다 일인칭으로 7권짜리 대하소설을 쓴 마르셀 프루스트가 있지 않습니까.

게다가 일인칭과 삼인칭은 칼로 자른 것처럼 쉽게 구분되지도 않습니다. 『모비 딕』의 화자 이슈마엘은 종종 삼인칭으로 쓰는 전지적 작가처럼 굽니다. 『제3의 사나이』의 캘로웨이 대령도 마찬가지지요. 사실 일인칭 화자 그러니까 작가 없는 삼인칭 소설은 존재하지 않아요. 『레 미제라블』을 보세요. 몇 십년의 역사와 다양한 계급에 속한 수백 명의 사람들을 담고 있지만, 이들은 모두 19세기 프랑스 상류사회 지식인 남자 단 한 명의 시선을 통해 그려집니다. 이 남자는 호기심과 이해심이 풍부하고 정보량이 엄청난 위대한 예술가지만 그래도 이 사실 자체가 바뀌는 건 아닙니다. 이 남자에서 멀어질수록 사람들과 사건들은 왜곡되어 가요. 이 소설에 나오는 팡틴, 에포틴, 코제트 같은 여성 캐릭터들을 보세요. 인상적인 인물들이지만 다들 어머니와 연인이라는 역할에 갇혀 있습니다. 이게 여자들을 상상하는 위고의 한계인 것이죠.*

---

* 그렇다고 해도 현대 독자는 위고가 그린 여성 캐릭터의 사실성을 특별히 의심하지는 않습니다. (톨스토이와 위고가 공유했던 어린애와 같은 작은 발을 가진 여자들에 대한 집착을 징그러워할 수는 있겠지만 이건 다른 이야기고) 하지만 이 성취도 위고가 그 제한된 조건하에서 뛰어난 관찰자이기 때문에 가능했지요.

여기서 김훈의 「언니의 폐경」에 대해 이야기하지 않을 수가 없군요. 2005년에 황순원 문학상을 수상한 작가의 대표작 중 하나입니다. 그런데 이 단편은 한국 문학 역사상 가장 기괴한 생리 묘사로 시작되는 작품이기도 합니다. 전 작가가 이 소설을 쓰면서 전직 신문기자의 경력에 어울리는 엄격하고 꼼꼼한 조사를 했다고 자랑한 걸 알고 있습니다. 하지만 그럼에도 불구하고 이 그로테스크한 생리 묘사는 책으로 나오고 상을 받을 때까지 살아남았고 2017년에 화제로 떠올라 집단 놀림감이 될 때까지 이를 지적하는 사람은 거의 없었습니다.

어쩌다 이렇게 된 걸까요. 이유는 간단해요. 중장년 한국 남자들은 원래 제대로 된 피드백을 받지 못합니다. 말을 해도 못 알아먹고 지적당하는 건 또 싫어해서 대부분 건드리지를 않거든요. 더 나쁜 경우는 이들이 아무리 이상한 소리를 해도 대충 그런가 보다 넘어가는 사람들의 습관입니다. 이건 여러분이 남성 집단 속에서 선배님/선생님 소리를 듣는 중장년 남성이라면 그리 보편적이지도, 넓지도 않은 주변 세상의 바깥에 대해 아주 이상한 생각을 품고 살다가 그냥 죽을 수도 있다는 걸 의미합니다.

대하소설의 가치에 대해 제가 회의적인 이유도 여기에 있습니다. 아무리 전지적인 신처럼 굴어도 우리는 우리의 뇌와 경험 안에 갇혀 있습니다. 우리는 이 세계의 폭을 넓힐 수 있고 또 그래야 합니다. 하지만 그래도 그것이 감옥이라는 사실은 바뀌지 않습니다. 이 감옥 안에서 그 바깥의 시공간까지 커버하려고 하면 멀리 갈수록 뒤틀려 버립니다. 이걸 자기 세계관에 기반을 둔 소설을 쓴다고 좋게 말할 수도 있긴 한데, 대부분 이런 소설은 편협한 내용의 긴 책으로 맺어집니다.

대표적이고 가장 위험한 예가 『삼국지연의』입니다. 수십 년에 걸친 장대한 역사와 거대한 대륙을 배경으로 한 개성 넘치는 캐릭터들로 가득 한 대하 서사시가 아니냐고요. 그렇긴 하죠. 하지만 나오는 거의 모든 사람들이 비슷비슷한 가치관과 욕망을 공유하는 비슷비슷한 계급의 남자들인 소설이기도 합니다. 이 소설을 통해 인생을 배웠다는 사람들을 경계해야 하는 이유도 여기 있습니다. 이런 사람들은 자기 세상 경계선 너머의 사람들에 대한 상상력이 빈약할 수밖에 없습니다. 그리고 솔직히 현대인으로서도 탈락이지요.

하지만 이 재료로 더 좋은 작품을 만들 수도 있습니다. 전 판소리 다섯 마당 중 하나인 『적벽가』를 예로 들겠습니다. 표면상 이 작품은 『삼국지연의』의 가장 인기 있는 짧은 에피소드를 판소리로 옮긴 것이고 특별히 도전적인 해석 같은 건 없습니다. 하지만 『적벽가』는 '병사설움타령'을 품고 있습니다.

원작에서는 커다란 숫자의 일부였던 병사들이 자기 인생과 감정을 이야기하기 시작했고, 그 순간부터 역덕과 밀덕들의 판타지 같던 이야기에 순식간에 인간 경험의 새로운 차원이 들어갑니다.

『적벽가』의 작가가 『삼국지연의』 작가보다 더 위대했을까요? 아뇨. 그런 건 아니었습니다. 『적벽가』에는 그냥 이야기꾼이 한 명 이상 있었습니다. 인기 있는 기성품 이야기를 풀어가면서 자신과 이웃의 경험을 녹여냈던 누군가가요.

조정래는 종종 1980년대 이후 시대를 다루는 대하소설이 나오지 않는 것을 아쉬워합니다. 하지만 왜 대하소설이 역사적 경험을 담아내는 최선의 방법이라는 것입니까? 세상은 급속도로 다양해지고 있습니다. 아니, 원래부터 다양했는데 그게 노출되기 시작한 것입니다. 대하소설이 이 세계에서 할 수 있는 것에는 한계가 있습니다. '보편적으로 중요한 이야기'를 선별하는 동안 자신의 편견을 노출시키게 되지요. 자신을 진보라고 생각하는 20세기의 보수적인 민족주의자가 자신에게 20세기 중엽의 한국 역사 전체를 커버할 통찰력과 능력이 있다고 생각한다면 그런 착각은 있을 수 있는 일입니다. 하지만 비슷한 위치의 다음 세대 남자가 1980년대 후반 한국 역사를 배경으로 비슷한 대하소설을 쓰겠다는 야심을 품고 있다면 전 최대한 그 사람으로부터 멀리 떨어질 것입니다.

수많은 다양한 이야기꾼이 들려주는 수많은 이야기가 한 명의 위대한 대하소설보다 가치가 있습니다. 누군가가 수많은 사람들이 경험하는 수많은 경험을 하나의 흐름 속에 통합하려는 야심을 갖는 것 자체는 이해할 수 있지만 아무리 그 책이 방대해도 결국 한 사람의 관점을 다룬 하나의 책에 불과합니다. 그리고 여기서 가장 큰 건 내용이 아니라 무언가 거대한 것을 만들어 우쭐거리고 싶어하는 이야기꾼의 에고지요. 솔직히 이게 마블 시네마틱 유니버스를 만들고 있는 케빈 파이기의 욕망과 뭐가 다른지 모르겠습니다. 내 것이 너희들 것보다 더 크고 멋져.

2.

저는 정음사와 을유세계문학전집을 읽으며 어린 시절을 보낸 세대입니다. 당시엔 모든 것에 명쾌한 리스트가 있었습니다. 세계명작은 100권의 리스트로 정리되었습니다. 서구 클래식 음악을 듣고 싶다면 비슷한 명곡과 명연주의 리스트가 제공되었습니다. 다른 데로 가도 비슷비슷했어요. 인류가 역사를 통해 쌓은 모든 업적의 정수가 몇 장의 리스트로 제공되었습니다.

그 시대는 갔습니다. 을유를 포함한 여러 출판사에서 지금도 세계문학전집을 내고 있지만 그 리스트는 100권으로 제한되어 있지 않고 바깥으로 열려 있습니다. 보다 다양한 언어권의, 다양한 장르의 작품들이 들어가고요. 명연주 리스트 안에

저를 가둔 것도 오래전 일입니다. 더 많은 경험이 리스트 바깥에 있었습니다.

그 옛날의 리스트는 대하소설과 비슷한 구석이 있었습니다. 소수, 그러니까 서구 지식인 남자들의 관점에서 본 역사적 흐름입니다. 옛 세계문학전집은 구색을 맞추느라 동아시아 소설을 몇 개 넣습니다. 그렇다고 그림이 특별히 달라지는 건 아니지만. 이 리스트는 편집자의 개성과 지식에 따라 다양해질 수 있습니다. 하지만 그래도 비슷비슷한 경험과 지식을 가진 소수의 관점을 반영하고 있다는 건 그대로입니다. 당연히 이는 세상의 아주 작은 부분만 반영하고 있을 뿐입니다.

영화사상 가장 훌륭한 영화를 선정하는 시도에 제가 조금 회의적인 이유도 여기 있습니다. 퀄리티는 당연히 중요해요. 영화사 안의 역사적 의미도 중요하지요. 하지만 이에 도달할 기회를 얻으려면 늘 손병호 게임을 거쳐야 합니다. 재능과 창의력만으로 이를 돌파할 수 있으면 좋겠지만 그건 아주 드문 경우입니다. 손병호 게임을 통과한 사람들은 상상도 못할 열악한 환경에서 창작을 하는 수많은 사람들이 있습니다.

그들에겐 종종 좋은 영화를 만든다는 것 자체가 사치일 수도 있습니다. 최초의 미국 흑인 영화감독인 오스카 미쇼는 〈우리 문 안에서〉(1920)를 만들던 당시 〈국가의 탄생〉(1915)을 만들 때 D. W. 그리피스가 누렸던 여유는 꿈도 꾸지 못했습니다. 미쇼는 그리피스처럼 영화적 상상력이나 아름다움을 추구할 여유도 없었습니다. 하지만 백인들의 인종 차별적 피해망상으로 가득 차 있는 '걸작'인 〈국가의 탄생〉과는 달리 직설적이고 단순하고 투박한 〈우리 문 안에서〉는 당시 흑인 감독의 눈을 통해 1910년대 미국 인종주의의 진짜 모습을 담아냈습니다. 여기서 완성도로 두 영화의 줄을 세우는 건 얼마나 무의미한 일일까요. 〈할렘 살인사건〉이나 〈언더월드〉와 같은 미쇼의 후기 인종 영화가 아무리 초라하고 빈약해 보여도 이들은 오로지 이들만이 할 수 있는 말을 하고 있습니다. 나는 그때 거기에 있었다. 그곳에서 나의 목소리를 냈다.

복수의 리스트가 여기에 대한 답일 수 있습니다. 한국에서 〈우리 문 안에서〉를 본 사람들은 대부분 『죽기 전에 꼭 봐야 할 영화 1001』를 통해 이 작품에 대한 정보를 얻었겠지요. 이 리스트도 완벽하지는 않지만 그래도 미쇼의 영화를 담고 있었습니다. 수많은 리스트들은 이런 식으로 다른 리스트의 구멍을 채워 주고 각자 다른 이야기를 들려줍니다. 리스트는 다양할수록 좋고, 계보는 많을수록 좋습니다. 역사는 단 한 번도 장대하고 통일된 하나의 흐름인 적이 없었기 때문이죠.

하지만 영화사 우주를 산책하는 관객들은 조금 더 모

험적이 될 필요가 있습니다. 남들이 리스트들을 통해 닦아놓은 길을 떠나 밀레니엄 팔콘이 하이퍼스페이스로 뛰어들 듯 낯선 영화들이 있는 낯선 시공간에 뛰어들 필요가 있어요. 리스트를 통한 영화 감상은 아무래도 패키지 관광과 비슷하니까요. 물론 이런 도전 대부분은 실망으로 끝납니다. 하지만 대부분 모험의 끝은 그럴 수밖에 없지 않나요. 그게 모험을 멈추어야 할 이유가 되나요.

저는 이 책을 최대한 부서진 모양이 되게 썼습니다. 완벽한 리스트는 제공하지 않으려 했고 몇몇 부분에서는 일부러 정보를 미완성으로 남겼습니다. 정보를 전달하는 건 이 책의 중요한 목표입니다. 하지만 여러분이 직접 이 정보를 바탕으로 옛 영화들을 탐색하게 유도하는 것은 더 중요합니다. 전 제 의견도 여러분에게 강요할 생각이 없습니다. 여러분이 이 책을 읽고 보게 될 영화의 시공간이 조금이라도 넓어진다면 만족합니다.

그래도 쓰고 나니 좀 아쉽긴 합니다. 할리우드 바깥의 영화들을 조금 더 다뤘다면 좋았을 텐데. 하지만 그런 영화들을 다룬 몇몇 챕터는 빼야 했습니다. 홍콩 영화에 대한 꽤 긴 챕터를 쓰다가 말았는데, 너무 회고조가 되어가고 있었기 때문이죠. 전 이 책이 '좋았던 옛 경험'에 대한 것이 되지 않길 바랐어요. 전 옛 이집트와 인도 영화에 대한 챕터도 썼다가 지웠는데, 아무래도 제가 아는 척을 할 수 있는 영역이 아닌 것 같았기 때문이지요. 제가 이를 밝히는 이유는 여러분이 이 영역에 제 도움 없이 도전해 보시길 바라기 때문입니다.

어려울 거 같다고요? 의외로 안 그렇습니다. 앞에서도 말했듯 우리는 이상하고 낯선 영화를 보기 가장 쉬운 시대를 살고 있으니까요. 제가 이 책에서 소개한 영화들 상당수는 심지어 유튜브로도 챙겨 볼 수 있습니다. 예를 들어 러시아 모스 필름 유튜브 계정은 굉장히 많은 소련 영화를 보유하고 있지요. 영어 자막이 없는 경우가 많아서 좀 갑갑하지만 말입니다. 많은 영화들은 퍼블릭 도메인입니다. 화질이 안 좋은 경우가 많지만 어쩔 수 없지요. 어떤 영화는 자막이 없어 내용도 어렵지만 그렇다고 그 영역의 탐사를 포기하는 것도 아쉽습니다. 예를 들어 몇 달 전 레닌그라드 TV에서 제작한 소련판 〈반지의 제왕-반지원정대〉가 유튜브에 떠서 화제가 되었습니다. 아직

* 좋은 인도 영화 가이드는 국내에서도 쉽게 구할 수 있을 거예요. 이집트 영화는 조금 힘들 텐데, 그래도 생각만큼 접근성이 낮지 않으니 한번 시도해 보세요. 고전 할리우드 연애 영화들을 좋아하는 관객들이라면 재미있게 볼 보편적인 내용의 영화들이 썩 많습니다. 게다가 여러분이 얼굴을 아는 일급 스타도 있어요. 오마 샤리프요.

까지 자막 같은 건 없습니다. 하지만 정말 그 이유 때문에 이 희귀한 구경거리를 포기하실 겁니까?

책을 마칠 때가 되었습니다. 뭔가 근사한 말을 하고 싶은데, 제가 하고 싶은 이야기는 대부분 오래전에 죽은 옛날 사람들이 먼저 했지요. 오늘 전 월트 휘트먼을 제 대변인으로 삼겠습니다. 휘트먼은 〈나 자신의 노래〉에서 이렇게 말했지요.

"나도, 다른 누구도, 당신을 위해 저 길을 여행할 수 없다
당신은 당신 스스로 그 길을 여행해야 한다.**"
Not I, not any one else can travel that road for you,
You must travel it for yourself.

좋은 여행하시기 바랍니다!

* 이 책의 초고를 검토하는 동안 영어 자막이 추가되었습니다. 역시 메이저. 그러니 겁먹지 말고 한 번 도전해보시길.

** 월트 휘트먼, 『풀잎』, 허현숙, 열린책들, 2011

옛날 영화, 이 좋은 걸 이제 알았다니

1판 1쇄 발행 2022년 4월 4일
1판 2쇄 발행 2022년 9월 5일

지은이 듀나

발행인 김지아
표지 및 본문 디자인 강수정

펴낸 곳 구픽
출판등록 2015년 7월 1일 제2015호-27호
주소 서울시 광진구 동일로 459, 1102호
전화 02-491-0121
팩스 02-6919-1351
이메일 guzma@naver.com
홈페이지 www.gufic.co.kr

ⓒ 듀나, 2022

ISBN 979-11-87886-77-8 03810